GUIDE DES ARCHIVES SUR LES FEMMES : SOURCES MANUSCRITES SUR L'HISTOIRE DES FEMMES

Joanna Dean et David Fraser

Archives nationales
du Canada

National Archives
of Canada

Données de catalogage avant publication (Canada)

Archives nationales du Canada.
Guide des archives sur les femmes

Texte en français et en anglais disposé tête-bêche.
Titre de la p. de t. addit. : Women's archives guide.
Comprend un index.
Cat. MAS n° SA2-216/1991
ISBN 0-662-58074-5
1. Femmes—Canada—Histoire—Sources—Bibliographie—Catalogues.
2. Femmes—Canada—Histoire—Manuscrits—Catalogues.
3. Archives nationales du Canada. Division des manuscrits—Catalogues.
I. Dean, Joanna. II. Fraser, David. III. Titre. IV. Titre : Women's archives guide.

Z7964.C3N37 1991   016.3054'0971   C91-099202-9F

Archives nationales du Canada
395, rue Wellington
Ottawa (Ontario)
K1A 0N3
(613) 995-5138

©Ministre des Approvisionnements et Services Canada 1991
N° de cat. : SA2-216/1991
ISBN 0-662-58074-5

Le papier de cette publication est alcalin.

TABLE DES MATIÈRES

AVANT-PROPOS

Le présent guide thématique, produit par les Archives nationales du Canada, vise à donner aux chercheurs et au grand public une description des fonds d'archives sur les femmes conservés à la Division des manuscrits. Depuis 1872, les Archives nationales, responsables du patrimoine archivistique de la nation, acquièrent et conservent des documents portant sur des particuliers, des groupes religieux et ethniques, des associations, des collectivités privées et le gouvernement fédéral et dont la valeur historique revêt de l'importance pour la nation dans son ensemble.

Nos fonds témoignent de la riche diversité de la vie et de l'expérience canadiennes et de l'ampleur des réalisations nationales. Les fonds d'archives énumérés dans ce *Guide* sont variés et font prendre conscience du rôle important des femmes dans l'évolution sociale, culturelle, économique et politique du Canada. Les chercheurs y trouveront de nombreux renvois à des organisations féminines et à des Canadiennes bien connues sur la scène politique, nationale ou locale. Ces femmes ont toutes contribué à l'évolution de la nation canadienne, et le précieux patrimoine que constituent leurs archives sera d'une grande valeur pour les générations futures.

Jean-Pierre Wallot,
Archiviste national du Canada

INTRODUCTION

La publication de ce *Guide* témoigne de l'importance de l'histoire des femmes sur la scène historique canadienne. Les articles, livres ou thèses qui lui sont consacrés n'ont plus à être préfacés de notes en justifiant la légitimité comme sujet de recherche. L'analyse historique peut maintenant être portée sur l'histoire des femmes, au même titre que d'autres sujets en histoire sociale, tels que les classes sociales, les groupes ethniques et les régions. Il n'est plus question aujourd'hui de contester l'importance de certains sujets, comme le rôle des femmes dans le commerce de la fourrure, le contrôle des naissances, l'économie familiale et la technologie ménagère. Des cours universitaires et des congrès sont régulièrement consacrés à l'histoire des femmes. On publie de plus en plus de livres et d'articles, de vulgarisation ou d'érudition, sur l'histoire des femmes au Canada, ainsi que des ouvrages de référence tels que des bibliographies, et des ouvrages sur l'histoire des femmes remportent des prix littéraires.

Division des manuscrits : Fonds d'archives sur les femmes

Les archives canadiennes ont voulu suivre le mouvement et répondre à cet intérêt croissant pour l'histoire des femmes. La Division des manuscrits des Archives nationales du Canada (qui recueille des archives textuelles et informatiques, de source privée) a commencé, dès le début des années 1970, à acquérir des archives relatives aux femmes dans le cadre d'un important programme d'acquisition et de conservation des documents essentiels à l'étude de divers aspects de la société canadienne. Les efforts d'acquisition d'archives touchent, outre l'histoire des femmes, le syndicalisme, les groupes ethniques, les enfants et les jeunes, les sports, les affaires, la médecine, les sciences et la technologie, et les arts. En fait, la Division avait déjà commencé à acquérir occasionnellement des documents relatifs à l'histoire des femmes avant même le début du projet d'archives sur les femmes. Par exemple, le Conseil national des femmes du Canada, regroupement d'organismes fondé en 1893, a commencé à transférer ses documents aux Archives nationales en 1923. Toutefois, un manque de précision dans la description archivistique voilait la valeur des fonds pour l'étude de l'histoire des femmes. Les Archives nationales ont parfois été critiquées, non sans raison d'ailleurs, pour avoir enterré les papiers des femmes dans les fonds d'archives de leurs maris ou autres relations masculines.

Le projet d'archives sur les femmes a permis d'acquérir plus d'une centaine de fonds, provenant d'organismes divers et de particuliers, qui occupent plus de 300 mètres d'étagères. L'accent a été mis sur les fonds d'importance nationale. Ils documentent de nombreux sujets, tels que le féminisme et les organisations féminines, la vie familiale et sociale, le travail rémunéré, les organismes de regroupement pour filles et jeunes femmes, les pionnières et les femmes en milieu rural, le travail social et les services sociaux, le pacifisme, les femmes de carrières libérales et commerciales, et les organismes bénévoles.

Les archives des femmes sont étroitement reliées à divers fonds de la Division des manuscrits et à d'autres services des Archives nationales. Les archives de politiciennes et de personnalités bien connues, les documents d'organisations ethniques et sportives féminines, et les documents de femmes actives dans les arts, le journalisme, la médecine et le syndicalisme, pour ne citer que quelques exemples, complètent les fonds acquis par le projet d'archives sur les femmes. La Division des manuscrits conserve aussi des documents officiels, copiés en France, relatifs à la période antérieure à la Conquête (groupes de manuscrits [MG] 1 à 7) et des documents des gouvernements du Québec, du Haut-Canada, du Bas-Canada et du Canada-Uni sur la période antérieure à la Confédération (groupes de documents [RG] 1 à 7 et 14). Ce sont des sources fondamentales pour les années antérieures à 1867 et plusieurs de ces séries renferment des documents relatifs à l'histoire des femmes. Les archives des premiers ministres (MG 26) sont également des sources importantes. Ils contiennent souvent des dossiers sur des sujets reliés à l'histoire des femmes et de la correspondance provenant de femmes et d'organisations féminines. Outre la Division des manuscrits, la Division des archives gouvernementales, chargée des archives produites par le gouvernement canadien, conserve plusieurs groupes importants de documents qui complètent les sources privées : par exemple, Travail Canada et son Bureau de la main-d'œuvre féminine (RG 27), la Division de la santé de l'enfance et de la famille de Santé et Bien-être social (RG 29), les documents des recensements et la Commission royale d'enquête sur la situation de la femme au Canada (RG 33). Également, les fonds et collections d'autres divisions des Archives nationales comprennent des photographies, des films, des enregistrements audio et vidéo et d'autres documents utiles à l'étude de l'histoire des femmes.

Une des réalisations du projet d'archives sur les femmes a été la création d'un guide thématique des fonds de la Division des manuscrits portant sur l'histoire des femmes. On peut consulter ce guide inédit, intitulé instrument de recherche 1069, « Sources postérieures à la Confédération sur l'histoire de la femme au Canada », à la salle de référence des Archives nationales.

Comment utiliser le *Guide*

Portée

L'utilisateur ne perdra pas de vue que ce *Guide* ne tient compte que des fonds de manuscrits et ne décrit pas les documents officiels du gouvernement fédéral ou les documents non manuscrits. En outre, il ne constitue **pas** une liste définitive, mais plutôt un échantillon largement représentatif des fonds conservés par la Division des manuscrits sur l'histoire des femmes après la Confédération. Les recherches de sources sur l'histoire des femmes avant la Confédération n'étant pas terminées, il n'est pas représentatif pour la période antérieure à 1867.

Les notices

Les notices sont présentées par ordre alphabétique des titres de fonds et sont organisées de la façon suivante :

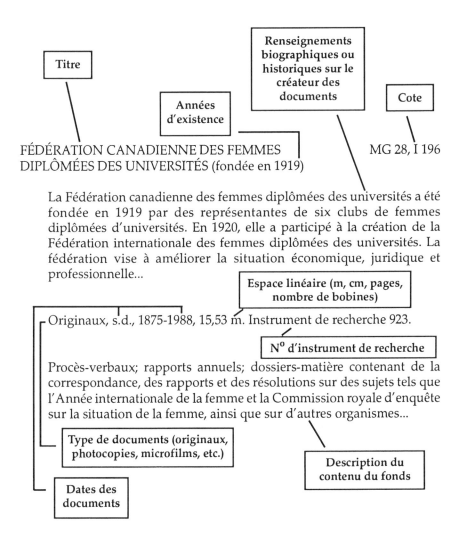

Les données relatives aux « années d'existence » et à l'« espace linéaire » s'appliquent à la totalité du fonds. Toutefois, lorsqu'une partie seulement touche l'histoire des femmes, la notice ne décrit que cette partie.

Les notices peuvent renvoyer le chercheur à une ou deux descriptions plus détaillées. Chaque fonds a fait l'objet d'un inventaire, accessible par la « cote », qui présente un survol (généralement plus détaillé que la notice du *Guide*). Les fonds plus volumineux s'accompagnent habituellement d'un « instrument de recherche », qui fournit une description détaillée de tout le fonds, sous forme d'une liste de titres de dossiers. Les notices fournissent, le cas échéant, le numéro de l'instrument de recherche.

Index

L'index des noms de personnes, d'organismes et de lieux et des sujets facilite l'accès aux notices du *Guide*. Le chercheur qui consultera l'index pour retrouver, par exemple, des documents sur la Young Women's Christian Association of Canada (YWCA) sera orienté non seulement vers les documents du YWCA, mais aussi vers les autres fonds qui contiennent des renseignements sur le YWCA.

Consultation des fonds

Si vous désirez consulter les fonds décrits dans ce *Guide*, il est conseillé d'écrire ou de téléphoner à l'avance. Bien que la plupart des fonds soient disponibles pour la recherche, certains comportent des restrictions quant à la consultation; les chercheurs qui désirent les consulter doivent obtenir au préalable une autorisation. De plus, certains fonds ne sont pas conservés dans l'édifice principal des Archives et doivent être commandés plusieurs heures ou même une journée à l'avance. Si vous nous fournissez, dans les délais requis, des renseignements précis sur votre sujet de recherche, il nous sera possible de vous obtenir rapidement les documents conservés dans les édifices satellites. Ils seront à la salle de consultation de l'édifice principal lorsque vous viendrez y faire vos recherches.

Comme beaucoup d'organismes continuent à envoyer leurs dossiers à intervalles réguliers, un grand nombre de fonds contiennent une part importante de documents en cours de traitement, qui ne sont pas encore correctement classés ni décrits dans un instrument de recherche. Les chercheurs qui désirent consulter des documents en cours de traitement doivent communiquer avec l'archiviste responsable avant leur visite.

La plupart du temps, il est possible de faire une bonne partie des recherches avant de se rendre aux Archives ou sans même s'y rendre. La majorité des instruments de recherche et tous les inventaires préparés avant décembre 1986 sont disponibles sur microfiches qu'on peut acheter ou encore emprunter grâce au Service de prêt entre institutions. Certains fonds sont disponibles, en entier ou en partie, sur microfilms qui peuvent également être empruntés par le Service de prêt entre institutions.

Pour de plus amples renseignements sur les fonds, veuillez communiquer avec :
Division des services à la référence et des services aux chercheurs
Direction des programmes publics
Archives nationales du Canada
395, rue Wellington
Ottawa (Ontario)
K1A 0N3
(613) 995-8094

Les demandes de renseignements relatives au don de fonds doivent être adressées au :
Programme des archives sociales et culturelles
Division des manuscrits
Direction des ressources historiques
Archives nationales du Canada
395, rue Wellington
Ottawa (Ontario)
K1A 0N3
(613) 996-7368

Remerciements

La publication de ce *Guide* n'aurait pas été possible sans le concours de plusieurs membres du personnel des Archives nationales, notamment Robert Albota, John Bell, Victorin Chabot, Judith Cumming, Peter De-Lottinville, Anne Godard, Patricia Kennedy, Andrée Lavoie, Candace Loewen, Myron Momryk et Sheila Powell. La recherche pour les descriptions des fonds antérieurs à la Confédération a été faite en partie à partir du livre de Marilyn Hindmarch et Heather Rielly, *Some Sources for Women's History in the Public Archives of Canada* (Ottawa : Musée national de l'Homme, 1974). Nous remercions également le personnel de la Direction des programmes publics pour la révision et la production de cette publication.

David Fraser
Division des manuscrits

LA RECHERCHE AUX ARCHIVES NATIONALES DU CANADA

Créées en 1872, les Archives nationales du Canada comptent parmi les plus anciennes institutions culturelles canadiennes. Mémoire collective de notre pays, les fonds des Archives renforcent notre identité et notre sens de l'histoire nationale. Les Archives acquièrent, décrivent et conservent des documents archivistiques importants relatifs à la vie canadienne, c'est-à-dire des millions de documents sous forme de manuscrits, photographies, films, cartes, enregistrements audio et vidéo, livres, peintures, dessins, estampes, archives informatiques et autres.

Le personnel des Archives nationales, situées au 395, rue Wellington, à Ottawa, est à la disposition des chercheurs, du lundi au vendredi, entre 8 h 30 et 16 h 45. Pour avoir accès aux documents, les chercheurs doivent au préalable s'inscrire en personne à la salle de référence (pièce 339) et obtenir un laissez-passer strictement personnel. La salle de lecture est ouverte aux chercheurs inscrits, vingt-quatre heures par jour, sept jours par semaine. Les chercheurs qui désirent consulter des documents après les heures de bureau peuvent demander que les documents soient placés à l'avance dans un casier fermé à clé. Les microfilms en libre-service sont disponibles en tout temps dans la salle de lecture.

FONDS D'ARCHIVES DE LA DIVISION DES MANUSCRITS PORTANT SUR L'HISTOIRE DES FEMMES

ABERDEEN, John Campbell Hamilton Gordon, septième comte d' (1847-1934) et lady Ishbel Aberdeen (1857-1939)

MG 27, I B 5

Lady Aberdeen a travaillé en étroite collaboration avec son mari, lord Aberdeen, alors qu'il était gouverneur général du Canada du 18 septembre 1893 au 11 novembre 1898. Elle a fondé les Infirmières de l'Ordre de Victoria et la Aberdeen Association, organisme qui fournissait de la lecture aux colons canadiens. En tant que première présidente du Conseil national des femmes du Canada, elle a prononcé de nombreux discours et travaillé au regroupement des femmes à travers le Canada. Elle a participé activement à de nombreux organismes philanthropiques, dont le Ottawa Maternity Hospital.

Originaux, 1890-1939, 1,85 m; microfilm, 1883-1898, 5 bobines, A-823 à A-827. Instrument de recherche 1.

Correspondance datant surtout de l'époque où lord Aberdeen était gouverneur général, comprenant des lettres de sir Wilfrid Laurier, de William Lyon Mackenzie King et d'autres personnalités politiques; journaux personnels de lady Aberdeen, décrivant les activités de la famille, les enfants, les événements politiques, les personnes rencontrées et les lieux visités; albums de coupures de presse relatives aux activités et aux discours des Aberdeen, ainsi qu'aux événements politiques et sociaux; dossiers-matière comprenant des documents sur la Aberdeen Association et les discours prononcés pour le Conseil national des femmes; autres documents. Les journaux personnels de lady Aberdeen sont également disponibles sur microfilm (bobines C-1352 à C-1355A).

AITKEN, Kate Scott (1891-1971)

MG 30, D 206

Directrice des activités féminines à l'Exposition nationale canadienne de Toronto, Kate Aitken a dirigé des écoles d'art culinaire, de 1923 à 1952. Pendant plus de 23 ans, elle a écrit et réalisé une émission d'informations générales sur les arts ménagers pour CFRB et, plus tard, pour la société Radio-Canada. Elle a effectué cinq voyages autour du monde pour la radio. Pendant la Seconde Guerre mondiale, elle a été nommée superviseure de la conservation pour la Commission des prix et du commerce en temps de guerre et est devenue célèbre pour ses ateliers intitulés « Make over and Make Do ». Elle a été rédactrice pendant dix ans au *Standard* de Montréal et a collaboré régulièrement à *Chatelaine,* au *Globe and Mail* et à *Maclean's.* Après 1955, elle a abandonné la radio et écrit plus de 24 livres sur la cuisine, les voyages et l'étiquette et deux autobiographies. Elle a participé activement à diverses organisations féminines et professionnelles, telles que les Federated Women's Institutes of Canada et la section torontoise du Canadian Women's Press Club.

Originaux, 1907-1973, 7,1 m. Instrument de recherche 1299.

Documentation sur des organismes tels que le Club des femmes de carrières libérales et commerciales de Toronto, le Soroptomist Club of Toronto, la section torontoise du Canadian Women's Press Club et le Women's Ad Club; correspondance personnelle et d'affaires; documents financiers; dossiers-matière portant surtout sur ses voyages autour du monde; textes dactylographiés d'articles de journaux et de revues et textes d'émissions radiophoniques; imprimés; coupures de presse et albums.

ALEXANDER, Charlotte A. (connue 1885-1893)   MG 29, C 58

De 1885 à 1893, Charlotte Alexander a travaillé sous les auspices de divers organismes philanthropiques à aider de jeunes Anglaises à émigrer au Canada. Elle trouvait des familles adoptives pour les plus jeunes et des emplois de domestiques pour les plus âgées. Elle s'est intéressée d'une manière personnelle au bien-être de ces jeunes filles et a fait plusieurs voyages au Canada pour rencontrer les personnes qui les avaient accueillies.

Originaux, 1885-1893, 25 cm.

Correspondance relative aux enfants et aux jeunes filles aidées par C. Alexander, comprenant des références et des lettres d'éventuels parents adoptifs, des lettres des jeunes filles et des rapports des familles d'accueil; répertoire de résumés de cas.

ALLAN, Lois (connue 1918-1979)   MG 30, C 173

Étudiante à l'Université Queen, Lois Allan a travaillé dans le Farm Service Corps au camp de Winona (Ontario) pendant l'été 1918. Le Farm Service Corps faisait partie d'un programme d'été d'emploi rural destiné à compenser la pénurie de main-d'œuvre agricole durant la Première Guerre mondiale.

Original, 1918, 1 cm.

Album et journal intime de Lois Allan évoquant, par de nombreuses photos et des textes de chants, l'atmosphère de vacances qui régnait au camp de Winona.

ANDREW FLECK CHILD CENTRE, Ottawa (Ontario)   MG 28, I 392
(fondé en 1911)

D'abord connu sous le nom d'Ottawa Day Nursery, le centre a été fondé en 1911 pour fournir des services d'aide à l'enfance aux mères travaillant à l'extérieur. À l'origine, il faisait partie de Settlement House, mais il est devenu indépendant en 1916. La garderie a mis sur pied trois centres de consultation pour les enfants et les parents : un pour les troubles ophtalmologiques et oto-rhino-laryngologiques; un pour les maladies infantiles et un pour l'hématologie et les maladies nerveuses, qui traitait également les maladies vénériennes. Un comité de couture, créé en 1931, confectionnait des vêtements pour les enfants de la garderie. Les frais de garderie étaient indexés sur les revenus familiaux et la garderie était financée par des dons de charité et des subventions de la ville d'Ottawa. En 1932, un legs de Mme Andrew Fleck a permis la construction d'un nouvel édifice. L'appellation actuelle a été adoptée en 1970.

Originaux, 1913, 1916-1982, 63 cm.

Dépliant sur l'historique du centre; rapports annuels; procès-verbaux du comité de la garderie et du conseil d'administration; documents financiers; rapports de la garderie, incluant des statistiques sur la clientèle, des documents internes, des dossiers sur les consultations médicales et des renseignements sur les salaires du personnel; dossiers de la secrétaire chargée de la correspondance; dossiers du comité de couture; albums; documents divers.

ANTONOVYCH, Kateryna (1887-1975)   MG 31, H 50

Artiste ukrainienne, Kateryna Antonovych était issue d'une famille engagée politiquement. Après des études en Italie, en Suisse, en Allemagne et en France, elle a émigré à Prague, en 1923, avant de rejoindre sa fille à Winnipeg, en 1949. Elle a ouvert une école d'art en 1954 et a exposé dans toute l'Amérique du Nord. Elle a collaboré à la presse ukrainienne et a été membre actif de plusieurs organisations féminines et communautaires ukrainiennes, ainsi que d'établissements d'enseignement ukrainiens.

Originaux, 1902-1975, 1,86 m. Instrument de recherche 1517.

Documents relatifs à la carrière d'artiste et d'écrivaine de K. Antonovych, incluant des notes autobiographiques; notes biographiques sur des personnalités ukrainiennes; articles publiés et brouillons; documentation relative à des organisations ukrainiennes, telles que les Alpha Omega Women's Alumnae, la World Federation of Ukrainian Women's Organizations et l'Ukrainian Women's Association of Canada; documents sur l'histoire de l'art ukrainien; correspondance; dossiers de l'école d'art; albums.

ASSOCIATION CANADIENNE D'ÉCONOMIE   MG 28, I 359
FAMILIALE (fondée en 1939)

L'Association canadienne d'économie familiale est une association professionnelle nationale qui regroupe les spécialistes en économie familiale. Par l'entremise de ses comités, l'association s'est efforcée d'établir des normes professionnelles et de promouvoir la collaboration entre les spécialistes en économie familiale et les organisations locales. L'association publie le *CHEA Journal*, le *Newsletter* et divers dépliants.

Originaux, s.d., 1906-1984, 15,20 m. Instrument de recherche 1445.

Correspondance; rapports annuels; documents financiers; documents relatifs au *CHEA Journal* et au *Newsletter*; documents sur les membres, les bourses d'études, les comités et les associations membres et affiliées; mémoires aux commissions royales et aux enquêtes du Sénat; dossiers-matière généraux; documents relatifs à l'historique et aux congrès de l'association; albums; publications.

ASSOCIATION CANADIENNE DE NAGE   MG 28, I 331
SYNCHRONISÉE AMATEUR (fondée en 1951)

La nage synchronisée est devenue un sport populaire chez les femmes au milieu des années 1920 quand elle a été représentée par le Comité de natation artistique de l'Association canadienne de nage amateur. Créée en 1951, l'Association canadienne de nage synchronisée amateur se proposait d'encourager les nageurs et nageuses ainsi que les rencontres, d'accréditer les entraîneurs et entraîneuses de même que les juges, et d'organiser la participation canadienne aux compétitions internationales.

Originaux, 1951-1981, 3,2 m. Instrument de recherche 1382.

Procès-verbaux, correspondance, documents financiers, listes d'envoi, autorisations de voyage et dossiers du personnel; documents provinciaux, tels que de la correspondance, des procès-verbaux et des résultats de rencontres; inscriptions de nageurs et nageuses et résultats de compétitions, dont ceux des Championnats nationaux canadiens, des Jeux nationaux américains, des Jeux du Canada, des

Jeux panaméricains et des rencontres internationales; documents relatifs au programme d'accréditation des entraîneurs et entraîneuses; publications.

ASSOCIATION CANADIENNE DES   MG 28, I 200
CONSOMMATEURS (fondée en 1947)

L'Association canadienne des consommateurs (aujourd'hui, l'Association des consommateurs du Canada) a été créée suite à la participation de plusieurs organisations féminines, pendant la Seconde Guerre mondiale, à la Commission des prix et du commerce en temps de guerre. Le Conseil national des femmes du Canada, les Federated Women's Institutes of Canada et la Young Women's Christian Association ont contribué à créer une association bénévole, indépendante et à but non lucratif, qui devait adopter une opinion plus éclairée des affaires économiques et des intérêts des consommateurs, et exprimer cette opinion de façon à ce qu'elle profite aux familles, à la collectivité et à tout le pays. Jusqu'au début des années 1960, seules les femmes pouvaient être membres de l'association.

Originaux, v. 1941-1982, 15,8 m; photocopies, 1950-1953, 5 cm. Instrument de recherche 927.

Documents administratifs, tels que de la correspondance, des rapports, des procès-verbaux, des mémoires, des publications, des bulletins et des documents publicitaires; dossiers-matière relatifs à des secteurs de la consommation, comme l'alimentation, le logement, les services, les communications, l'environnement, les automobiles, l'habillement, la santé, les médicaments et la sécurité.

ASSOCIATION CANADIENNE DES GOLFEUSES   MG 28, I 154
(fondée en 1913)

L'Union canadienne des golfeuses a été créée lors d'un tournoi de golf organisé en 1913 par la Royal Canadian Golf Association (RCGA), mais elle est demeurée inactive pendant la Première Guerre mondiale. La première assemblée annuelle a eu lieu en 1920 et, en 1924, l'Union a accepté la responsabilité du Ladies Open Championship qui incombait auparavant à la RCGA. En 1967, le nom a été changé pour celui d'Association canadienne des golfeuses.

Originaux, 1919-1977, 10,25 m. Instrument de recherche 832.

Procès-verbaux; documents financiers; correspondance; albums; résultats de championnats; documents généraux.

ASSOCIATION CANADIENNE POUR LA SANTÉ,   MG 28, I 153
L'ÉDUCATION PHYSIQUE ET LA RÉCRÉATION
(fondée en 1933)

Les Associations de l'éducation physique de Toronto et de Québec ont créé l'Association canadienne de l'éducation physique en 1933. Par la suite, des sections ont été créées dans chaque province. Soucieuse de refléter les intérêts de ses membres dans des domaines étroitement liés, l'association a adopté son appellation actuelle en 1948. Une importante sous-série de ce fonds touche les activités du comité athlétique féminin de l'association.

Originaux, 1933-1979, 19,8 m. Instrument de recherche 791.

On trouvera des documents relatifs au comité athlétique féminin dans tout le fonds, mais principalement dans les dossiers du comité, lesquels comprennent des historiques, de la correspondance, des rapports, des évaluations, des bulletins, des documents financiers, des procès-verbaux et des listes d'envoi de divers comités, dont ceux du basket-ball et du volley-ball.

ASSOCIATION DES INFIRMIÈRES ET DES INFIRMIERS   MG 28, I 248
DU CANADA (fondée en 1908)

L'Association canadienne nationale des infirmières diplômées a été créée en 1908 pour élever le statut de la profession d'infirmière et améliorer la qualité des soins infirmiers, grâce à une meilleure formation professionnelle et à l'accréditation des diplômées. En 1924, la constitution a été remaniée et le nom changé pour celui d'Association des infirmières canadiennes (AIC). Le conseil de rédaction de *L'infirmière canadienne* a été mis sur pied en 1905 et est demeuré une entité distincte jusqu'à son adhésion à l'AIC en 1965.

Microfilm, 1905-1975, 6 bobines, M-4605 à M-4610.

Procès-verbaux d'assemblées générales et d'autres réunions, dont celles de la haute direction et du conseil d'administration; procès-verbaux du conseil de rédaction de *L'infirmière canadienne*.

ASSOCIATION FOR THE REVIEW OF CANADIAN   MG 28, I 350
ABORTION LAWS (fondée en 1966)

L'Association for the Modernization of Canadian Abortion Laws (AMCAL) a été fondée à Ottawa dans le but de constituer, auprès du gouvernement fédéral, un groupe de pression en faveur de la libéralisation des lois sur l'avortement et de sensibiliser davantage le public aux problèmes de l'avortement, du contrôle des naissances et de l'éducation sexuelle. L'AMCAL a également fourni des services de consultation et d'orientation aux femmes enceintes. Elle a pris le nom d'Association for the Repeal of Canadian Abortion Laws en 1970, avant d'adopter son appellation actuelle en 1971.

Originaux, s.d., 1956-1978, 1,3 m. Instrument de recherche 1495.

Dossiers administratifs; correspondance; questionnaires; documents publicitaires et de propagande; dossiers documentaires; coupures de presse; imprimés.

AYLMER, Matthew Whitworth-Aylmer,   MG 24, A 43
cinquième baron d' (1775-1850), et famille

Louisa Anne Call (décédée en 1862) a épousé Matthew Whitworth-Aylmer en 1801. Ils ont vécu au Canada de 1830 à 1835 alors que lord Aylmer était administrateur du Bas-Canada et gouverneur en chef du Haut et du Bas-Canada. Lady Aylmer a participé activement à divers organismes bénévoles.

Originaux, 1830, 7 manuscrits sur parchemin; photocopies, 1831-1832, 174 p.

Ce fonds consiste presqu'entièrement en un texte dactylographié, intitulé « Recollections of Canada, 1831 », préparé par lady Aylmer et peut-être destiné à la publication. Il se compose principalement d'extraits de journaux du Québec et de copies de lettres de lady Aylmer à ses parents et amis d'Angleterre, comprenant des commentaires sur le climat, les mœurs, la cuisine, la langue et l'histoire. On y retrouve des renseignements sur l'Orphan School, la Benevolent Society et le comité des dames qui dirigeait le Female Orphan Asylum (tous à Montréal).

BAGNELL, Kenneth (né en 1934)   MG 31, K 29

Kenneth Bagnell est l'auteur de *The Little Immigrants : The Orphans Who Came to Canada* (1980), une histoire populaire des grands projets d'immigration, tels que celui du Dr Barnardo, lesquels amenèrent des enfants au Canada, de la fin du dix-neuvième siècle au milieu du vingtième. Sa correspondance et ses entrevues avec d'anciens enfants immigrants, leur parenté et d'autres participants à ces programmes renseignent sur les expériences de ces filles et garçons : leur séparation d'avec leurs parents, frères et sœurs, leur formation et l'accueil des familles et de la société canadiennes.

Originaux, s.d., 1867-1986, 70 cm. Instrument de recherche 1683.

Correspondance et notes d'entrevues, comprenant des lettres relatives à d'anciens enfants immigrants, ou échangées avec eux, et des lettres à des personnes travaillant pour des organismes responsables de l'immigration d'enfants; documents de recherche, correspondance connexe et notes; manuscrits et dossiers sur le projet initial et la publicité de *The Little Immigrants : The Orphans Who Came To Canada*. La Division des archives audio-visuelles des Archives nationales du Canada conserve les enregistrements sonores des entrevues.

BALINSKY, Clara (née en 1924)   MG 31, H 127

Venue d'Ukraine avec ses parents, Clara Balinsky s'est fait un nom dans la communauté juive du Canada. De 1976 à 1980, elle a été présidente nationale de la Hadassah-WIZO du Canada et en a fondé la section des affaires publiques, chargée du bien-être des Juifs hors d'Israël, en Union soviétique et ailleurs. Elle a également participé à de nombreuses activités culturelles et éducationnelles.

Originaux, 1968-1982, 3,8 m. Instrument de recherche 1439.

Dossiers personnels relatifs à la Hadassah-WIZO du Canada et à la WIZO internationale, aux années thématiques des Nations Unies et à la Canadian Friends of the Hebrew University; documents relatifs à l'éducation, à la culture juive, à des organismes juifs associés et aux congrès; correspondance et papiers personnels; publications.

BEACH FOUNDRY LIMITED,   MG 28, III 17
Winchester et Ottawa (Ontario) (1894-1980)

La production d'appareils ménagers de la Beach Foundry Ltd. témoigne des changements rapides dans le domaine de la technologie domestique au début du vingtième siècle, qui ont eu des répercussions importantes sur le travail ménager. Cette compagnie a commencé par fabriquer des cuisinières à charbon et à bois, des radiateurs et des calorifères pour le marché local de Winchester (Ontario). En 1914, elle s'est installée près d'Ottawa et, en 1920, s'est lancée à la conquête du marché national. Elle a mis en marché une nouvelle gamme de cuisinières à gaz, électriques et mixtes en 1925, ainsi que des réfrigérateurs, en 1934. Elle a également fabriqué des chauffe-eau et des calorifères à air chaud.

Originaux, s.d., 1908-1980, 2,9 m. Photocopies, s.d., 1 cm. Instrument de recherche 1423.

Documentation commerciale et publicitaire décrivant les produits fabriqués par la compagnie et renseignant sur les méthodes de commercialisation, comprenant des brochures, des feuillets, des dépliants, des catalogues, des tarifs et des annonces publicitaires; historique de la compagnie et documents afférents; autres documents commerciaux.

BELL, Ruth Marion (Rolph)   MG 31, K 22
(née en 1919)

Politicologue et membre actif du Parti progressiste conservateur, Ruth Bell (née Cooper) est connue pour son engagement dans diverses organisations féminines. Elle a participé aux Fédérations canadienne et internationale des femmes diplômées des universités et a été membre du comité directeur du Comité d'action nationale sur la situation de la femme, de 1975 à 1978. Elle a contribué à l'établissement du Centre international MATCH, organisme qui vise à intégrer les femmes dans les programmes de développement du Tiers-Monde. Elle en a été directrice de 1976 à 1979, et le dirige de nouveau depuis 1981. Elle a fait partie de la Commission canadienne de l'UNESCO chargée des questions féminines et a été active dans plusieurs organismes qui se consacrent aux enfants, aux jeunes et à l'éducation, tels que le Young Men's/Young Women's Christian Association (YM/YWCA) et le Forum pour jeunes Canadiens.

Originaux, s.d., 1927-1984, 7,78 m. Instrument de recherche 1534.

Documentation relative aux activités professionnelles et bénévoles de R. Bell, comprenant des documents sur les Fédérations canadienne et internationale des femmes diplômées des universités, le Comité d'action nationale sur la situation de la femme, le Centre international MATCH, la Commission canadienne de l'UNESCO, la Commission canadienne pour l'année internationale de l'enfant, le Conseil national du YMCA, le YM/YWCA d'Ottawa, le Forum pour jeunes Canadiens, les Organisations nationales bénévoles, la Canadian Association for Adult Education et le Parti progressiste conservateur.

BIRD, Florence Bayard (Anne Francis)   MG 31, D 63
(née en 1908)

Florence Bird (née Rhein) est née à Philadelphie. Elle s'est mariée en 1928 et a immigré au Canada où elle s'est fait connaître comme écrivaine et personnalité de la radio et de la télévision. À partir de 1946, elle a été commentatrice des actualités au réseau anglais de la radio de Radio-Canada et a réalisé des documentaires sur les droits des femmes et des questions internationales. En 1967, elle a été nommée présidente de la Commission royale sur la situation de la femme au Canada et, en 1977, elle est entrée au Sénat. Elle est l'auteure de deux livres : *Anne Francis : An Autobiography* (1974) et *Holiday in the Woods* (1976).

Originaux, 1897, 1917-1982, 2,13 m. Instrument de recherche 967.

Notes et textes d'émissions de radio et de télévision; articles, dépliants et discours; distinctions et grades *honoris causa*; notes, correspondance et coupures de presse relatives à la Commission royale sur la situation de la femme; documentation se rapportant à son autobiographie; manuscrits, dont les brouillons de 6 romans et de 25 nouvelles; coupures de presse relatives à sa nomination au Sénat; documents personnels divers.

BLACK, Martha Louise (1866-1957)   MG 30, C 46

Martha Purdy (née Munger) a quitté Chicago en 1898, attirée par la ruée vers l'or du Klondike, et est retournée dans le Nord en 1901 pour y ouvrir une scierie. En 1904, elle a épousé George Black, avocat, commissaire du Yukon de 1912 à 1916, et député du Yukon en 1921. Elle a reçu l'Ordre de l'Empire britannique pour son aide aux militaires du Yukon pendant la Première Guerre mondiale et est devenue membre de la Société royale de géographie pour ses études sur la flore du Yukon. En 1935, elle s'est présentée aux élections fédérales, à la place de son mari décédé, et est devenue la deuxième femme à être élue à la Chambre des communes. Elle est l'auteure de *Yukon Wild Flowers* (1936), *My Seventy Years* (1938) et *My Ninety Years*, publié à titre posthume en 1976.

Originaux, 1950-1957, 46 pages; photocopies, 1940-1965, 24 pages; microfilm, 1916-1939, 1 bobine, M-536.

Album contenant des coupures de presse sur la vie dans le Nord, les expériences des habitants du Yukon pendant la Première Guerre mondiale et les carrières politiques de Martha et de George Black; correspondance relative à la vie et à la politique au Yukon; articles sur Martha Black, 1940-1965.

BOLT, Carol (née en 1941)   MG 31, D 89

Carol Bolt est une dramaturge renommée pour ses pièces politiques et ses pièces à l'intention des femmes et des enfants. *One Night Stand* (1977), *Buffalo Jump* (produite en 1971, publiée en 1972), *Red Emma – Queen of the Anarchists* (1974) et *Shelter* (1975) sont parmi ses pièces les plus connues. Elle a été l'une des scénaristes de *Fraggle Rock*, une émission pour enfants diffusée au réseau anglais de Radio-Canada. Elle a été dramaturge et écrivaine invitée, a fait des séries de séances de lectures et participé à divers ateliers. Elle a travaillé dans plusieurs associations de dramaturges, telles que Playwrights Co-op, qu'elle a cofondée en 1972, la Guild of Canadian Playwrights et Playwrights Canada.

Originaux, s.d., v. 1963-1988, 6,6 m. Instrument de recherche 1038.

Textes et documents connexes; cahiers de notes; correspondance; dossiers-matière relatifs à la carrière de C. Bolt; programmes de théâtre; coupures de presse.

BOURGEOYS, Marguerite (1620-1700)   MG 18, E 7

Marguerite Bourgeoys, religieuse et institutrice, a fondé à Montréal la congrégation de Notre-Dame, dans le but d'instruire et d'éduquer les jeunes filles.

Transcriptions, 1697, 59 pages.

Mémoires de Marguerite Bourgeoys contenant des réflexions person-nelles choisies, plusieurs observations sur la morale et la religion et ses vues sur l'esprit de la communauté.

BREWSTER, Elizabeth (née en 1922)   MG 30, D 370

Originaire de Chipman (Nouveau-Brunswick), Elizabeth Brewster a étudié à plusieurs endroits, dont l'Université du Nouveau-Brunswick, le Radcliffe College et l'Indiana University, où elle a obtenu un doc-torat en 1962. Elle a été bibliothécaire dans plusieurs provinces avant de devenir professeure au département d'anglais de l'Université de la Saskatchewan en 1972. E. Brewster compte parmi les plus grands poètes canadiens. Elle a publié plusieurs recueils de poèmes, dont *Passage of Summer* (1969), *Sunrise North* (1972), *In Search of Eros* (1974), *Poems* (1977), *The Way Home* (1982) et *Digging* (1982). Elle a également écrit des romans comme *The Sisters* (1974), récit de l'enfance d'une petite fille dans les Maritimes, et des nouvelles sur les femmes, telles que *It's Easy to Fall on the Ice* (1977).

Originaux, 1941-1989, 4,65 m. Instrument de recherche 1819.

Correspondance, manuscrits, carnets de notes manuscrites, journaux intimes, comptes rendus, coupures de presse et autres documents.

BRONSON COMPANY, Ottawa (Ontario)   MG 28, III 26

Importante famille d'Ottawa, les Bronson ont été présents dans l'industrie du bois et d'autres commerces à partir du milieu du dix-neuvième siècle. Les membres de la famille ont été des philanthropes actifs; les femmes ont joué un rôle principalement au Ottawa Mater-nity Hospital, dans les Associated Charities et au Conseil national des femmes du Canada.

Originaux, s.d., 1809-1974, 69,03 m. Instrument de recherche 186.

Bien que la majeure partie de ce fonds concerne les entreprises commerciales des Bronson, on y trouve aussi des papiers de famille et de la documentation sur des organisations féminines et des organismes bénévoles locaux. Les archives d'Ella Webster Bronson contiennent des rapports annuels, des règlements, des discours, de la correspondance, des notes et d'autres documents relatifs au Ottawa Maternity Hospital, 1894-1925; des imprimés sur le Conseil national des femmes du Canada et sa section d'Ottawa; de la correspondance personnelle; des coupures de presse et des lettres relatives aux Associated Charities, 1890-1919; de la correspondance, des actes constitutifs et des coupures de presse sur la section féminine du Cercle canadien d'Ottawa; des documents relatifs aux biens patrimoniaux; de la comptabilité domestique. Les archives de Nellie M. Bronson contiennent des documents relatifs à ses finances personnelles et aux biens patrimoniaux et de la correspondance d'affaires. Les archives de Marjorie A. Bronson et de Margaret Webster Bronson concernent leurs finances personnelles. Les archives d'Isabel Editha Bronson contiennent une homologation de testament et un testament; l'annuaire du Lasell Seminary; un album de mariage et un album de famille.

BUCHANAN, Isaac (1810-1883) et famille   MG 24, D 16

Agnes Buchanan (née Jarvie) (décédée en 1896), de Glasgow, a épousé Isaac Buchanan en 1843. Négociant en gros et au détail, Isaac Buchanan a fait affaire avec des succursales à New York, Glasgow, Montréal et Hamilton (Ontario). Il a également été promoteur de chemins de fer et membre de l'Assemblée législative canadienne, de 1841 à 1867. Les Buchanan ont eu 11 enfants. Agnes Buchanan a été active dans divers organismes bénévoles à Hamilton.

Originaux, 1813-1883, 12,04 m; microfilm, 1697-1896, bobine M-600. Instrument de recherche 26.

Les archives de famille comprennent de la documentation rassemblée par Agnes Buchanan, telle que le rapport annuel du Girls' Home de la ville de Hamilton, 1880; des témoignages sur la qualité de la Boarding and Day School for Young Ladies de Dundas, 1866; un exemplaire de « An Act to Incorporate the Wesleyan Female College of Dundas » et des renseignements sur le Hamilton Ladies' Committee et les Volunteer Nurses, 1866.

BYLES, famille   MG 23, D 6

Rebecca Byles (1762-1853) a quitté Boston en 1776 pour Halifax (Nouvelle-Écosse) avec son père loyaliste, le révérend Mather Byles, ses sœurs, Anna (Byles) Desbrisay et Elizabeth (Byles) Scovil (1767?-1808), et deux frères. Rebecca Byles a épousé le docteur William Almon d'Halifax; quatre de leurs enfants sont parvenus à l'âge adulte.

Transcriptions, 1777-1837, 10 cm; microfilm, 1757-1837, 2 bobines, M-6520 et M-6521.

Des lettres de Rebecca Almon à ses deux tantes paternelles, demeurées à Boston en dépit de leurs sentiments loyalistes, forment une bonne partie de ce fonds. Les lettres traitent de questions familiales, entre autres des naissances, des décès et des mariages. Elles abordent à l'occasion des sujets religieux, tels que la montée de nouvelles sectes, comme les sectes baptiste et unitarienne. Ce fonds comprend aussi quelques lettres des autres sœurs Byles. Les transcriptions sont également disponibles sur microfilm, bobine H-1564.

CADDICK, Helen (connue 1891-1892)   MG 29, C 125

Helen Caddick habitait à Birmingham (Angleterre). Elle a fait un voyage, en 1891, de Montréal jusqu'en Colombie-Britannique.

Transcription, 1891, 1 cm.

Extrait du journal de voyage d'Helen Caddick qui décrit, dans un style très vivant, les personnes rencontrées et les endroits visités, en particulier Montréal, Toronto, Winnipeg, Vancouver et Victoria. Elle y dépeint aussi les collectivités autochtones et chinoises de la Colombie-Britannique et commente la réussite de parents et d'amis émigrés de Grande-Bretagne au Canada.

CALLWOOD, June (née en 1924)   MG 31, K 24

June Callwood a écrit pour l'*Expositor* de Brantford et le *Globe and Mail* avant d'entreprendre une carrière indépendante d'écrivaine, de journaliste et de personnalité de la radio et de la télévision. Elle est l'auteure connue ou anonyme de nombreux livres et a été très active dans plusieurs organisations d'écrivains et écrivaines, telles que la Writers' Union of Canada et la Periodical Writers' Association of Canada. Ses écrits témoignent de son engagement dans diverses questions relatives au mouvement des femmes, aux libertés civiles, à la réforme des établissements pénitentiaires, à la santé mentale, aux enfants et aux jeunes. Elle a été membre fondateur de la Canadian Civil Liberties Association. Elle a aussi fondé Digger House, un des premiers foyers pour jeunes à Toronto; la Learnx Foundation, chargée d'appuyer les programmes éducatifs expérimentaux; Justice for Children et le centre Jessie pour adolescents. Son intérêt pour les questions féminines l'a amenée à collaborer à la création de Women for Political Action, de la Canadian Association for the Repeal of Abortion Laws et de Nellie's, un centre d'hébergement d'urgence pour femmes à Toronto. Plus récemment, elle a participé à la création de Casey House, un établissement pour personnes atteintes du syndrome immuno-déficitaire acquis (SIDA).

Originaux, s.d., 1939-1988, 5 m. Instrument de recherche 1545.

Documents relatifs à la carrière d'écrivaine de June Callwood, incluant de la correspondance, des contrats, des manuscrits et des notes; brouillons d'articles et de textes pour la radio et la télévision; documentation sur des organisations professionnelles; dossiers-matière sur diverses questions sociales, telles que l'avortement, la contraception, les garderies, les droits civils et le désarmement nucléaire; correspondance et documentation relatives au centre Nellie's et à des organismes connexes; documents sur Digger House, des organismes pour les enfants et le; jeunes, les établissements pénitentiaires et leur réforme, la Canadian Civil Liberties Association, l'Association canadienne pour la santé mentale et Casey House. Les enregistrements audio et vidéo ont été transférés à la Division des archives audio-visuelles des Archives nationales du Canada.

CANADIAN GIRLS IN TRAINING   MG 28, I 313
(fondé en 1915)

Les Canadian Girls in Training constituent un mouvement parallèle aux Guides du Canada et aux Camp Fire Girls. En 1915, la Young Women's Christian Association of Canada, les associations d'école du dimanche et les Églises anglicane, baptiste, presbytérienne et méthodiste ont mis sur pied le National Advisory Committee for Cooperation in Girls' Work dans le but de rapprocher les adolescentes canadiennes de l'Église protestante. Le comité a recommandé des rencontres en semaine entre des petits groupes de filles âgées de 12 à 17 ans et leur enseignant ou enseignante d'école du dimanche. Le mouvement des Canadian Girls in Training a adopté une méthode pédagogique progressive pour encourag ﹖r la réflexion personnelle, la coopération, la recherche et la discussio...

Originaux, 1915-1985, 3,95 m. Instrument de recherche 1342.

Procès-verbaux et rapports annuels; documents de congrès; documentation sur le programme de formation des chefs, incluant des documents de discussion; documents relatifs aux camps de vacances et de camping; historiques provinciaux et correspondance relative à l'histoire du mouvement; imprimés, tels que des dépliants, des manuels et des périodiques; formulaires d'évaluation, questionnaires et rapports de recherche; dossiers-matière; documents financiers; albums.

CARNEY, Patricia (née en 1935)   MG 32, B 43

Patricia (Pat) Carney est née à Shanghai en Chine. Elle est arrivée au Canada en 1939. Elle a obtenu deux diplômes de l'Université de la Colombie-Britannique. Avant de se lancer en politique, elle a été journaliste d'affaires et consultante. En 1980, elle a été élue pour la première fois aux Communes en qualité de députée pour le Parti progressiste conservateur et a rempli les fonctions de critique de l'Opposition. Après sa réélection en septembre 1984, elle a été nommée ministre de l'Énergie, des Mines et des Ressources. Elle a aussi fait fonction de ministre suppléante de l'Expansion industrielle régionale, de décembre 1985 à juin 1986. Le 29 juin 1986, elle est devenue ministre du Commerce extérieur et a commencé à jouer un rôle clé dans les négociations de l'accord de libre-échange entre le Canada et les États-Unis. Les négociations terminées, elle a assumé la présidence du Conseil du Trésor. Elle ne s'est pas présentée aux élections fédérales de 1988. Elle a été nommée au Sénat en 1990.

Originaux, 1980-1986, 27,7 m. Instrument de recherche 1818.

Correspondance, mémoires, dossiers de référence sur la carrière politique de Patricia Carney; dossiers sur ses années passées dans l'Opposition comme députée pour le Parti progressiste conservateur; collection exhaustive de ses papiers de ministre couvrant la période comprise entre 1984 et 1988; dossiers-matière classés par ordre alphabétique (deux catalogues sur fiches ayant trait à cette série se trouvent dans les volumes 134 à 139). Les photographies et les caricatures ont été transférées à la Division de l'art documentaire et de la photographie des Archives nationales du Canada.

CARPENTER, Charles Carroll (1836-1918)   MG 29, D 63

Feronia N. Carpenter (née Rice) a accompagné son mari, le révérend Charles Carroll Carpenter, un Américain, missionnaire congrégationaliste et théologien, dans ses missions au Labrador.

Microfilm, 1856-1909, 2 bobines, M-833 et M-1596.

Journal de Feronia Carpenter comprenant une description d'un bref séjour à Montréal en 1862, de ses activités dans les missions du Labrador de mai 1862 à mai 1863 et des notes sur des discussions religieuses, sa relation avec son mari, les travaux ménagers et ses visites aux malades; journal du révérend Carpenter.

Née à Victoria (Colombie-Britannique), Emily Carr a étudié les beaux-
arts à San Francisco, à Londres et à Paris, et a parcouru la côte du
Pacifique pour peindre des villages autochtones reculés. Découragée
par l'indifférence du public, elle a entrepris un voyage dans l'Est, en
1927, où elle a rencontré Lawren Harris et d'autres membres du
Groupe des sept. Leur considération l'a soutenue durant les années
1930, période la plus productive de sa vie d'artiste. Plus tard, sa santé
précaire l'a obligée à se tourner vers l'écriture, encouragée par Ira
Dilworth qui est devenue sa directrice littéraire et sa confidente. *Klee
Wyck* (1941), qui a remporté le Prix du Gouverneur général, a été suivi
de *The Book of Small* (1942), de *The House of All Sorts* (1944) et d'autres
œuvres publiées à titre posthume.

Photocopies, 1905-1971, 1,12 m. Instrument de recherche 1135.

Correspondance avec entre autres, Ira Dilworth et Lawren Harris, qui
traite de l'œuvre d'E. Carr, de sa santé, de ses amis et de questions
personnelles, de théosophie et du Groupe des sept; documents financiers; journaux intimes contenant des brouillons de lettres et des
manuscrits; manuscrits de livres publiés ou inédits, d'histoires et de
discours; agendas; notes; manuscrits d'autres personnes; coupures de
presse; album contenant des caricatures politiques d'E. Carr; autres
documents. La plupart de ces documents sont disponibles sur
microfilm, bobines C-13525 à C-13528.

CARY, Mary Ann Shadd (1823-1893)   MG 24, K 22

Originaire du Delaware (États-Unis), Mary Ann Shadd était une Noire
libre. Elle est arrivée dans l'Ouest canadien au moment de l'adoption
du projet de loi de 1850 sur les esclaves fugitifs. Elle s'est fait un nom
dans plusieurs sociétés abolitionnistes et, en 1852, a publié *Notes from
Canada West*, manuel préparé à l'intention d'éventuels immigrants
noirs américains. De 1854 à 1858, M.A. Shadd a été fondatrice et
directrice du *Provincial Freeman*, journal hebdomadaire abolitionniste.
Après son mariage avec Thomas Cary en 1856, elle a recruté des
volontaires noirs pour l'armée de l'Union pendant la guerre de
Sécession. Bien qu'elle soit revenue dans l'Ouest canadien en 1866 et
ait été naturalisée britannique, M.A. Cary a passé la plus grande partie
du reste de sa vie aux États-Unis, où elle a étudié le droit à l'Université
Harvard et pratiqué à Washington, D.C.

Originaux, 1852-1889, 19 pages; transcriptions, s.d., 7 pages;
photocopies, 1852-1871, 34 pages. Instrument de recherche 28.

Correspondance et autres papiers, 1852-1889, relatifs à Mary Ann Shadd et à sa naturalisation; copies de ses écrits et de sa correspondance qui traitent de ses activités abolitionnistes, 1852-1871; deux lettres à caractère personnel où il est question de sa sœur, Amelia C. Shadd Williamson, qui dépeignent la vie dans le comté de Peel (Ouest canadien), 1854-1856; autres documents.

CASAULT, Atala (connue 1930-1939)   MG 30, C 93

En 1931, Atala Casault a épousé Edgar Rochette, ministre du Travail, de la Chasse et des Pêcheries dans le gouvernement du Québec en 1936.

Originaux, 1930-1939, 2,5 cm.

Journal d'Atala Casault décrivant son mariage avec Edgar Rochette, ses voyages en Ontario et aux Bermudes, des excursions de pêche et les menus faits de la vie quotidienne.

CASGRAIN, Thérèse (1896-1981)   MG 32, C 25

Thérèse Casgrain (née Forget) a dirigé la campagne pour le droit de vote des femmes au Québec dans les années 1920 et 1930 et a été présidente de la Ligue des droits de la femme de 1928 à 1942. Elle a fondé la Ligue de la jeunesse féminine, et son émission *Fémina* à Radio-Canada lui a valu une grande popularité. Pendant la Deuxième Guerre mondiale, elle a été vice-présidente de la Fédération nationale des femmes libérales et l'une des deux présidentes du Comité féminin de surveillance de la Commission des prix et du commerce en temps de guerre. En 1945, elle a mené une campagne au Québec pour que les chèques d'allocations familiales soient adressés aux femmes. Elle s'est présentée plusieurs fois sans succès aux élections de la Co-operative Commonwealth Federation (CCF) et en a été la chef provinciale pour le Québec, de 1951 à 1957. En 1961, elle a fondé la section québécoise de la Voix des femmes. Elle a fondé la Ligue des droits de la personne (1960) et la Fédération des femmes du Québec (1966). En 1970, elle a été nommée au Sénat. Son autobiographie, *Une femme chez les hommes*, a été publiée en 1972.

Originaux, 1818-1975, 1981, 2,05 m. Instrument de recherche 1761.

Correspondance; dossiers-matière sur des organismes féministes, sociaux et politiques; documents relatifs à son autobiographie; discours, souvenirs et coupures de presse; documents de famille, incluant des lettres échangées avec Pierre Casgrain au cours de leurs fréquentations, de la correspondance entre sir Randolph et lady Forget, les parents de Thérèse Casgrain, et d'autres documents relatifs aux familles Casgrain et Forget; manuscrit inédit intitulé « Les raisons pour lesquelles le Québec a dit non au CCF ».

CATHOLIC WOMEN'S LEAGUE OF CANADA   MG 28, I 345
(fondée en 1920)

La Catholic Women's League (CWL) regroupe les femmes catholiques du Canada afin de promouvoir les enseignements de l'Église catholique, d'accroître le rôle des femmes dans l'Église et la société, et de favoriser la liberté religieuse, la justice sociale et la paix. La CWL a des sections paroissiales, diocésaines, provinciales et nationales et est affiliée à la World Union of Catholic Women's Organizations.

Originaux, 1920-1986, 3,6 m. Instrument de recherche 1335.

Statuts et règlements; documents de congrès; rapports annuels; archives du comité national; résolutions et mémoires soumis au gouvernement fédéral et à divers commissions et comités du Sénat; dossiers-matière contenant des discours, des articles et des communications relatifs à la famille, au leadership, aux femmes et à d'autres questions; correspondance; autres documents.

CHADWICK, Ethel (1884-1975)   MG 30, D 258

Ethel Chadwick était encore enfant lorsqu'elle a quitté l'Irlande pour le Canada. Elle a déménagé à Ottawa à l'âge de dix ans pour suivre son père devenu fonctionnaire. Elle a participé à la vie sociale de l'élite d'Ottawa, à des bals à Rideau Hall, à des thés le 1er mai et à des soirées théâtrales et a passé ses étés au Québec. Des extraits de son journal ont été publiés dans le *Journal* d'Ottawa : « Fragments from a Frivolous Diary », 1933-1936; « Further Fragments from a Sometime Diary », 1938-1945; et « Excerpts from the Diary of Ethel Chadwick », 1961-1968. Elle est également l'auteure de *Social Memoirs of Montreal* (1966).

Originaux, s.d., 1874-1971, 1,25 m.

Journaux intimes décrivant la vie sociale et culturelle à Ottawa, entre 1896 et 1971; copies dactylographiées des extraits destinés à la publication; coupures de presse; albums de coupures de presse et de souvenirs; documents personnels, tels que de la correspondance, des documents financiers et des carnets de notes; imprimés, dont *Social Memoirs of Montreal*.

CHAPLIN, Annemarie (1929-1980)   MG 30, C 198

Annemarie Harris a obtenu un baccalauréat ès arts à l'Université McGill de Montréal. Elle a épousé l'historien Philip Chaplin et élevé trois enfants. À sa mort, elle était conservatrice du Musée Bytown à Ottawa.

Originaux, 1960-1980, 60 cm.

Journaux intimes écrits lorsque la famille Chaplin résidait à Manotick et à Ottawa, qui traitent de la vie familiale et communautaire. À l'exception de trois interruptions au cours des années 1960, A. Chaplin a tenu son journal avec régularité; toutefois, l'essentiel a été écrit entre 1968 et 1980.

CHERRY, Evelyn (née en 1906) et Lawrence W.   MG 31, D 173
(1902-1966)

Lawrence et Evelyn Cherry (née Spice) ont appris leur métier de scénaristes, de producteurs et de réalisateurs en Angleterre, dans les années 1930, avec le British Documentary Group dirigé par John Grierson. Ils sont revenus au Canada après la déclaration de la Deuxième Guerre mondiale et ont tourné plusieurs films à titre indépendant. En 1941, ils sont entrés à la section de l'agriculture de l'Office national du film (ONF). Evelyn a quitté l'ONF en 1950 pour travailler comme scénariste indépendante et professeure d'anglais, tandis que Lawrence a démissionné en 1957. En 1961, ils ont fondé leur propre compagnie, Cherry Film Productions Ltd., à Regina. Les Cherry ont produit des films documentaires sur quantité de questions sociales, économiques, environnementales, éducationnelles et culturelles. Les films d'Evelyn Cherry portent principalement, quoique non exclusivement, sur la Saskatchewan.

Originaux, 1940-1982, 6 m. Instrument de recherche 1608.

Dossiers de production comprenant des synopsis de films, des scénarios, des notes manuscrites, des transcriptions d'entrevues, des listes de prises de vues et d'autres documents utiles à la production de films, tels que des recherches destinées au tournage d'un film pour la section de Regina de la Voix des femmes; correspondance avec l'ONF et scénarios, dont ceux de *The Country Woman's Day* (1950) et de *Women and the Earliest Days of the NFB* (1975); correspondance avec Crawley Films Ltd.; dossiers-matière comprenant de la correspondance, des documents financiers et des imprimés; documents relatifs à des associations de producteurs de films, à des festivals de films et à des questions techniques; dossiers personnels et financiers. On peut consulter les films, les photos de plateau et les bandes sonores à la Division des archives audio-visuelles des Archives nationales du Canada.

CLEVERDON, Catherine Lyle (1908-1975)   MG 30, D 160

Catherine Lyle Cleverdon a correspondu avec plusieurs personnes, dont des membres du mouvement pour le vote des femmes, lors de la préparation de sa thèse sur le droit de vote des femmes et de son livre *The Woman Suffrage Movement in Canada* (1950).

Originaux, s.d., 1913-1949, 10 cm. Instrument de recherche 909.

Correspondance avec entre autres, Thérèse Casgrain, Frances M. Beynon, Helen Gregory MacGill, Nellie L. McClung, Evelyn G. Murphy (fille d'Emily Murphy), Irene Parlby, Augusta Stowe-Gullen, Lillian Beynon et Cora Casselman, 1941-1949; coupures de presse et dépliants.

CLUB MÉDIA DU CANADA   MG 28, I 232
(fondé en 1904)

Le Canadian Women's Press Club a été fondé en 1904 à titre d'association nationale d'écrivaines et d'illustratrices profession-nelles. Kathleen Blake (Kit) Coleman en a été la première présidente. Des sections locales se sont établies dans tout le Canada et les membres se rencontraient aux assemblées annuelles, puis bisannuel-les, afin de tenir des réunions d'affaires, de discuter de leur métier et d'organiser des manifestations sociales et des excursions pour fournir des sujets d'articles pour leurs journaux. En 1913, un fonds de bien-faisance a été établi pour les membres nécessiteux, et les Members Memorial Awards ont été créés en 1935. En 1971, le club a ouvert ses portes aux hommes et a changé de nom peu après.

Originaux, 1905-1980, 10,52 m; microfilm, 1906-1969, 2 bobines, C-4474 et M-7717. Instrument de recherche 1006.

Procès-verbaux et rapports, 1907-1975; documents de congrès, 1913-1975; dossiers administratifs; dossiers de membres, dont ceux de Kit Coleman, Helen Gregory MacGill, Nellie McClung, Emily Murphy, Lillian Beynon Thomas et Charlotte Whitton; dossiers-matière in-cluant une enquête sur les conditions de travail des femmes journa-listes au Canada et des dossiers sur l'Association internationale des journalistes de la presse féminine, le Cercle des femmes journalistes, la National Federation of Press Women des États-Unis, l'Association mondiale de femmes journalistes et écrivaines et le Women's News Service; dossiers de comités; *Newspackets* et autres bulletins trimestriels, 1928-1975; coupures de presse, albums et autres imprimés; dossiers de sections du Canadian Women's Press Club, dont celles d'Ottawa et d'Edmonton.

COALITION CANADIENNE CONTRE   MG 28, I 459
LA PORNOGRAPHIE DANS LES MÉDIAS
(1983-1989)

La Coalition canadienne contre la pornographie dans les médias a été formée en 1983 à la suite de manifestations et de protestations contre le projet de télédiffuser des spectacles Playboy à un réseau de télévision payante. Maude Barlow, féministe d'Ottawa qui était la figure de proue de cette agitation, a fondé la coalition et en a été la première présidente. La coalition se proposait essentiellement d'exercer des pressions auprès du gouvernement et d'informer le public des problèmes posés par la pornographie. La coalition a recruté ses membres, collectifs ou privés, à travers tout le Canada.

Originaux, v. 1978-1989, 2,6 m.

Correspondance; mémoires; rapports; bulletins; documents de référence; coupures de presse; dossiers-matière et dossiers de projets; autres documents. Des vidéocassettes et un enregistrement audio ont été transférés à la Division des archives audio-visuelles des Archives nationales du Canada.

COLEMAN, Kathleen Blake (Kit) (1856?-1915)   MG 29, D 112

Kathleen Blake (Kit) Coleman a émigré d'Irlande en 1884 et, après la dissolution de son mariage en 1889, elle a écrit un article hebdomadaire sous le titre « Woman's Kingdom » pour le *Mail* de Toronto (qui est devenu le *Mail and Empire*). Outre des sujets tels que les petits trucs de la vie domestique, la mode féminine et les rapports entre les sexes, elle a traité de questions d'actualité journalistique. Elle est devenue la première femme correspondante de guerre et a couvert la guerre hispano-américaine à Cuba. En 1904, elle a été la première présidente du Canadian Women's Press Club. K. Coleman était une adversaire déclarée du féminisme et du droit de vote pour les femmes. En 1911, elle a quitté le *Mail and Empire* et a publié un article hebdomadaire à l'intention des femmes, intitulé « Kit's Column », dans plusieurs journaux simultanément.

Originaux, s.d., 1852, 1870-1979, 1,3 m; photocopies, 1890-1907, 1 cm. Instrument de recherche 1724.

Documents relatifs à la carrière de K. Coleman comme journaliste, chroniqueuse au *Mail and Empire* et auteure, et à son rôle au Canadian Women's Press Club, incluant de la correspondance, des albums, des coupures de presse à son sujet, des brouillons et des copies définitives de ses articles de journaux et de ses œuvres de fiction; papiers personnels et familiaux; notices nécrologiques et documents posthumes.

Mercy Ann Coles était la fille de Mercy Haine et de George Coles, lequel a représenté l'Île-du-Prince-Édouard à la Conférence de Québec, en 1864.

Photocopies, 1864, 1878-1879, 91 pages.

Un journal intime intitulé « Reminiscences of Canada », dans lequel Mercy Ann Coles relate le voyage fait avec son père en 1864 pour se rendre à la Conférence de Québec. Le journal rend compte du voyage de Charlottetown à Québec, des manifestations sociales entourant la conférence et du voyage de retour par l'Ohio et l'État de New York; il décrit également un voyage fait en 1878 à Montréal et à Québec, ainsi qu'une croisière sur le vapeur *Miramichi* en 1879.

COMITÉ CANADIEN DE L'HISTOIRE DES FEMMES   MG 28, I 57
(fondé en 1975)

Le Comité canadien de l'histoire des femmes est affilié à la Société historique du Canada. Il a pour mandat de promouvoir l'enseignement et la recherche dans le domaine de l'histoire des femmes; de diffuser de l'information sur les sources, les recherches en cours et les publications; d'encourager la conservation archivistique des sources documentaires importantes; d'établir un contact entre le personnel enseignant et les chercheuses et chercheurs canadiens et leurs collègues à l'extérieur du Canada; et finalement, d'observer la situation de la femme dans les professions liées à l'histoire.

Originaux, s.d., 1975-1986, 47 cm. Instrument de recherche 1255.

Procès-verbaux des assemblées annuelles; bulletins aux membres; dossiers des membres; documents financiers; correspondance; documents relatifs aux assemblées annuelles de la Société historique du Canada, comprenant de la correspondance et des propositions de communications; rapport du comité des professions de la Société historique du Canada, qui traite de la situation de la femme dans les départements d'histoire des universités canadiennes; enquête nationale sur les archives; documents divers comprenant des sources documentaires sur l'histoire des femmes, des congrès, des journaux et des centres de ressources.

CONSEIL CANADIEN DE DÉVELOPPEMENT SOCIAL   MG 28, I 10
(fondé en 1920)

Le Conseil canadien de développement social constitue la plus grande association nationale de particuliers et de groupes préoccupés par le bien-être social au Canada. Ses origines remontent à la création, en 1920, du Conseil canadien pour la sauvegarde de l'enfance (qui allait devenir en 1931 le Canadian Council on Child and Family Welfare). Bien que d'abord préoccupé par le bien-être des enfants, des mères et des familles, l'intérêt du conseil s'est porté de plus en plus sur un vaste éventail de questions sociales. Cet élargissement de ses activités a amené en 1935 l'adoption d'une appellation plus générale, le Conseil canadien du bien-être social, que Charlotte Whitton a dirigé de 1926 à 1941. Cet organisme s'est consacré à la recherche, à l'éducation du public et à des activités de plaidoirie et de levée de fonds dans des domaines comme le vieillissement, le logement, la santé, la sécurité du revenu, le droit de la famille, les garderies et le système correctionnel. L'appellation actuelle a été adoptée en 1971.

Originaux, 1921-1980, 145 m. Instrument de recherche 441.

Archives du Conseil canadien pour la sauvegarde de l'enfance et du Canadian Council on Child and Family Welfare, datant de 1921 à 1934, renfermant de la correspondance, des rapports et des enquêtes sur des questions telles que l'aide à l'enfance, l'hygiène sociale et les allocations aux mères; archives du Conseil canadien du bien-être social et du Conseil canadien de développement social, datant de 1935 à 1980, comprenant des enquêtes sur le bien-être social, des documents relatifs à la formation et au personnel en travail social, et des dossiers-matière sur le bien-être de l'enfant et de la famille, les associations nationales et les programmes mis sur pied par le gouvernement ou d'autres organismes.

CONSEIL DES FEMMES DE MONTRÉAL   MG 28, I 164
(fondé en 1893)

Le Conseil des femmes de Montréal regroupe diverses organisations féminines montréalaises qui visent à représenter les intérêts des femmes, des enfants et des personnes défavorisées de la région métropolitaine et à répondre à leurs besoins. Le conseil a œuvré en faveur de réformes dans la santé publique, des droits des femmes et du bien-être de l'enfance. Il est affilié au Conseil national des femmes du Canada (CNFC), ce qui lui permet de faire partie du Conseil international des femmes (CIF).

Originaux, s.d., 1893-1973, 2,44 m. Instrument de recherche 1024.

Statuts et règlements; procès-verbaux, 1908-1965; rapports annuels et annuaires, 1896-1973; liste de membres, 1902; publications, 1949-1966; documents relatifs aux programmes du Conseil des femmes de Montréal, tels que les réformes juridiques, le bénévolat dans les prisons pour femmes, les soins de la santé et l'intégration des personnes immigrées; résolutions, mémoires et rapports, 1908-1973; dossiers-matière contenant de la correspondance, des rapports, des coupures de presse et divers documents; documentation sur d'autres organismes, tels que l'Institut féminin de Québec, le CNFC et le CIF; albums; dépliants et rapports publiés.

CONSEIL INTERNATIONAL DES FEMMES   MG 28, I 245
(fondé en 1888)

Le Conseil international des femmes (CIF) a été institué pour regrouper les femmes dans un organisme non sectaire et non partisan et pour favoriser les réformes sociales. Ce conseil est en fait une fédération de conseils nationaux de femmes, qui sont eux-mêmes des fédérations de sociétés et d'associations féminines de chaque pays. Première présidente du Conseil national des femmes du Canada, lady Aberdeen a été présidente du CIF de 1893 à 1899, de 1904 à 1920, et de 1925 à 1936.

Originaux, s.d., 1893-1939, 1947-1961, 9,6 m. Instrument de recherche 1254.

Archives du CIF datant principalement des années de présidence de lady Aberdeen, comprenant de la correspondance et des procès-verbaux relatifs à la fusion du CIF et de l'International Alliance of Women for Suffrage and Citizenship, 1920-1936; procès-verbaux, 1921-1938; correspondance entre lady Aberdeen et des membres du CIF; correspondance, mémoires et rapports relatifs à des conseils nationaux affiliés ou en voie de l'être; dépliants et autres imprimés. Certains documents sur Terre-Neuve et le Canada sont également disponibles sur microfilm, bobine H-969.

CONSEIL NATIONAL DES FEMMES DU CANADA   MG 28, I 25
(fondé en 1893)

Le Conseil national des femmes du Canada (CNFC) a été créé en 1893 sous l'influence de lady Aberdeen, dans le but de regrouper les femmes dans un organisme non partisan et non sectaire et de promouvoir les réformes sociales. Le conseil est une fédération d'organismes féminins nationaux et de conseils provinciaux et locaux et il est lui-même membre du Conseil international des femmes (CIF). Le CNFC a participé à la création des Infirmières de l'Ordre de

Victoria, des Sociétés de l'aide à l'enfance et de l'Association canadienne des consommateurs. Le CNFC est affilié au CIF.

Originaux, 1893-1985, 14,25 m. Instrument de recherche 694.

Archives du CNFC comprenant des procès-verbaux, 1893-1974; correspondance de lady Aberdeen, 1893-1918; correspondance générale, 1893-1978; dossiers-matière incluant les procès-verbaux et les résolutions des réunions annuelles et des dossiers sur des organismes connexes, le CIF et les conseils locaux; documents financiers; documents de référence, tels que des albums, des coupures de presse et des imprimés; publications du CNFC et d'autres conseils, 1896-1984. Les rapports annuels du CNFC sont conservés à la bibliothèque des Archives nationales.

CO-OPERATIVE COMMONWEALTH   MG 28, IV 1
FEDERATION ET LE NOUVEAU PARTI
DÉMOCRATIQUE DU CANADA

La Co-operative Commonwealth Federation (CCF) a été créée à Calgary en août 1932 lors d'une conférence qui unit divers groupes agricoles, ouvriers et socialistes de tout le pays en un même parti politique fédéral. Par suite de la création du Congrès du travail du Canada (CTC) en 1956, des négociations ont commencé entre le CTC et la CCF visant à faire intervenir une alliance entre le mouvement syndical et la gauche politique du pays. En 1961, le Nouveau Parti démocratique du Canada (NPD) voyait le jour. La CCF et le NPD ont encouragé les femmes à faire avancer la démocratie sociale par voie du comité fédéral féminin et du comité ontarien féminin de la condition féminine.

Originaux, 1912-1983, 83,7 m. Instrument de recherche 427.

Correspondance, rapports, mémoires et procès-verbaux du Comité national de la condition féminine, 1950-1952; documents sur des activités organisées à l'intention des femmes et des jeunes, des ateliers de travail, des congrès, des campagnes de financement, la Commission royale d'enquête sur la situation de la femme au Canada et d'autres questions, 1934-1976.

COTTON, Dorothy (1885-1977)   MG 30, E 464

Religieuse diplômée de l'Hôpital Royal Victoria de Montréal, Dorothy Cotton est entrée comme infirmière, en octobre 1914, dans le corps médical de l'armée canadienne. Admise dans le corps expéditionnaire canadien en janvier 1915, elle a été envoyée en Angleterre et en France. Elle a travaillé à l'Hôpital anglo-russe de Petrograd, de novembre

1915 à juin 1916 et de janvier à novembre 1917, où elle a assisté aux premiers soubresauts de la révolution russe. Par la suite, elle a travaillé en Angleterre et en Nouvelle-Écosse avant d'être démobilisée en 1919. En 1920, dans le cadre de la Mission des infirmières canadiennes, elle a participé à la création d'une école d'infirmières à l'Hôpital Coltzea de Bucarest (Roumanie).

Originaux, s.d., 1915-1921, 135 pages.

Mémoires, correspondance, notes biographiques, coupures de presse et autres documents relatifs à l'expérience d'infirmière de Dorothy Cotton à l'Hôpital anglo-russe et à l'Hôpital Coltzea.

CURRAN, John Edward Gardiner (1874-1973)   MG 30, C 85

Jane (Jennie) Curran était l'épouse de John Edward Gardiner Curran, célèbre sportif d'Orillia (Ontario). La famille Curran a déménagé de Toronto à Orillia et a acheté un journal, le *Canadian Workman*. En 1884, les Curran ont lancé le *Orillia Newsletter*.

Originaux, 1748-1970, 55 cm. Instrument de recherche 864.

Journaux intimes de Jennie Curran, 1870-1914, qui relatent un voyage en Irlande en 1894, des événements quotidiens et familiaux isolés, et qui comprennent des réflexions personnelles témoignant d'une sensibilité fortement religieuse; petit livre intitulé *A Female Servants' Manual*, publié en Angleterre en 1867, qui fournit des instructions détaillées sur la gestion domestique.

CURRIE, James George (1827-1901)   MG 27, II F 5

Emma Augusta Currie (née Harvey) (1829-1913) était l'épouse de James G. Currie, président de l'Assemblée législative de l'Ontario. Alors que son mari était greffier du comté de Lincoln, Emma Currie a été nommée greffière adjointe et a occupé ce poste pendant plusieurs années. Elle a été membre de la Woman's Christian Temperance Union (WCTU), partisane du droit de vote pour les femmes et membre fondateur du Protestant Orphans' Home de St. Catharines. Sa biographie de Laura Secord a été publiée en 1900, puis en 1913. Sa fille, Jessie Flora Currie, a été secrétaire du Protestant Orphans' Home.

Originaux, 1803-1934, 50 cm. Instrument de recherche 495.

Notes et correspondance d'Emma Currie comprenant sa documentation sur Laura Secord et d'autres sujets historiques, une réponse du ministère de la Justice à sa lettre sur le droit de vote pour les femmes, un brouillon et un dépliant sur la WCTU, un manuscrit sur les femmes et le marché du travail, des lettres relatives au Protestant Orphans' Home et une lettre de la féministe Susan B. Anthony; les archives de Jessie Currie comprennent surtout des documents juridiques et familiaux.

DANDURAND-MARCHAND, famille   MG 27, III B 3

Joséphine Marchand-Dandurand était la fille de Gabriel Marchand, premier ministre du Québec de 1897 à 1900, et la femme du sénateur Raoul Dandurand. En 1893, elle a fondé le premier journal féministe canadien-français, *Le Coin du feu*, et une série de ses chroniques ont été rassemblées sous le titre *Nos Travers* et publiées en 1901. Elle a collaboré à divers journaux et ses pièces de théâtre ont été jouées à Québec, à Montréal et à Ottawa. Elle a été membre des dames auxiliaires de la Société Saint-Jean-Baptiste de Montréal, de la Fédération nationale Saint-Jean-Baptiste, du Conseil national des femmes du Canada, des Infirmières de l'Ordre de Victoria du Canada, de la Women's Historical Association of Montreal et de l'Œuvre des livres gratuits, organisme qui faisait parvenir des livres aux colons isolés. J. Marchand-Dandurand a été nommée commissaire du Canada à l'Exposition universelle de Paris, en 1900.

Originaux, 1789-1942, 1,57 m; photocopies, 1879-1900, 5 cm.

Journal intime de J. Marchand-Dandurand, 1879-1900; correspondance, 1885-1904, dont une lettre relative à l'Œuvre des livres gratuits; texte dactylographié et annoté de la pièce « Fleurs d'antan, comédie en vers en un acte avec prologue », probablement écrite ou montée par J. Marchand-Dandurand; rapports annuels de l'Œuvre des livres gratuits et coupures de presse, 1886-1925.

DAVEY, Jean Flatt (1909-1980)   MG 30, E 386

Jean Davey était la première femme médecin membre de la division médicale de l'aviation canadienne lorsqu'elle est entrée comme surveillante médicale dans le corps auxiliaire féminin de l'aviation canadienne avec le rang d'officier d'escadrille. Elle a obtenu le rang d'officier d'escadron et a été médecin en chef de la division féminine de l'aviation canadienne. Dans le cadre de son travail, elle a donné des conférences sur la santé physique et mentale au personnel du service. En 1943, elle a reçu l'Ordre de l'Empire britannique et a quitté l'armée en mai 1945. Par la suite, elle a travaillé au Women's College Hospital comme médecin en chef et, après 1965, comme directrice de l'enseignement médical.

Originaux, s.d., 1938-1945, 7,5 cm; photocopies, s.d., 1941-1944, 2,5 cm.

Documents relatifs au travail de J. Davey dans l'armée de l'air, comprenant des textes de conférences, des allocutions et des discours; rapports médicaux; rapports de congrès; questionnaires; statistiques; transcriptions d'articles publiés; listes d'officiers de médecine et de femmes travaillant dans l'armée de l'air; correspondance; imprimés sur les femmes à la guerre; coupures de presse relatives à J. Davey et aux femmes médecins dans l'armée de l'air et la division des femmes; documents divers.

DAVIDSON, Margaret (née en 1918)   MG 30, D 295

Margaret Davidson et sa sœur Jeannie ont donné des spectacles sous le nom des Davidson Twins avant de se joindre, en 1928, à une troupe de vaudeville, les Winnipeg Kiddies. En 1928-1929, elles ont sillonné les provinces de l'Ouest et l'Alaska. Membres d'une seconde troupe des Winnipeg Kiddies, elles ont fait des tournées au Manitoba et en Saskatchewan, de 1933 à 1934. À l'automne 1933, Margaret est entrée dans la troupe des Sunshine Girls de Lillian Strachan, groupe de danseuses de music-hall de Winnipeg et d'Edmonton. En 1936-1937, la troupe a déménagé à Montréal où elle s'est produite sous le nom de Lillian and her Vienna Girls ou les Streamline Girls. Margaret Davidson a quitté la scène dans les années 1940 pour élever ses enfants. Plus tard, elle a participé aux activités d'une école maternelle et à des camps d'été pour enfants.

Originaux, 1933-1939, 1969-1982, 7,5 cm.

Documents relatifs à la carrière de Margaret Davidson, comprenant un livre d'autographes; album contenant des programmes, des coupures de presse et des dépliants; lettre de Mme MacLaskey, ancien chaperon des Winnipeg Kiddies, relatant leurs expériences; coupures de presse; mémoires et documents de travail.

DE CASTRO, Mhairi Angela MacLeod   MG 29, C 119
(née en 1918)

Mhairi de Castro (née Fenton) est née en Écosse et a été élevée par son oncle et sa tante, le Dr Charles Stuart McEuen et sa femme, Janet. Ils ont déménagé au Canada lorsque le D^r McEuen a accepté un poste à l'Hôpital Royal Victoria de Montréal. En 1937, Mhairi Fenton et sa tante ont accompagné le D^r McEuen dans un voyage de recherche dans l'Arctique avec la patrouille de l'Arctique oriental.

Originaux, 1845-1848, 1870-1871, 1935-1939, 1974, 6 cm; photocopies, 1937, 1,5 cm.

Journal personnel de Mhairi de Castro et autres documents relatifs à son voyage dans l'Arctique. Douze lettres (du 6 novembre 1870 au 10 janvier 1871) adressées à l'arrière grand-mère de M. De Castro, Mary Bowles (née MacLeod) de Québec, par Cimodocée Casault, relatant son voyage avec son bébé, de Québec au Manitoba, afin de rejoindre son mari, le lieutenant-colonel Louis-Adolphe Casault. Celui-ci appartenait au bataillon de la milice envoyé de Québec pour restaurer l'ordre après la rébellion de la rivière Rouge. C. Casault a voyagé en train et en charrette, traversant Toronto, Sarnia, Chicago, St. Paul et Pembina jusqu'à Fort Garry. Les lettres décrivent les conditions de voyage, la nourriture, l'habillement et les activités sociales.

DENNIS, June (née en 1914)   MG 31, D 191

June Dennis a travaillé à la radio à Victoria pendant la Seconde Guerre mondiale et a déménagé à Toronto, en 1945. Son travail au réseau anglais de Radio-Canada lui a permis de devenir une personnalité nationale de la radio dès le début des années 1950. Elle a écrit deux romans bien accueillis, *A Mike for Marion* (1952) et *TV Career Girl* (1964), qui se proposaient de fournir des modèles de carrières aux jeunes filles. J. Dennis a abandonné sa carrière radiophonique au sommet de sa gloire, en 1963, pour devenir gérante de la gagnante annuelle du Miss Canada Pageant, de 1964 à 1966. En 1965, elle a écrit un manuel pour les Guides du Canada. Devenue journaliste indépendante en 1966, elle a fait de nombreux voyages et a été directrice de *Quill and Quire*, de 1968 à 1971.

Originaux, 1940, 1947-1987, 32 cm.

Documents relatifs à la vie personnelle, aux écrits et à la carrière de J. Dennis à la radio, ainsi qu'aux carrières des Miss Canada, comprenant un album, des manuscrits et un journal personnel couvrant les années 1963 à 1986.

DICKSON, Lovat (1902-1986)   MG 30, D 237

Éditrice et auteure, Lovat Dickson a écrit *Radclyffe Hall and the Well of Loneliness* (1975), biographie de l'auteure anglaise Radclyffe Hall (1886-1943). Radclyffe Hall a écrit quatre volumes de poésie et huit romans. Elle est surtout connue pour *The Well of Loneliness* (1928), qui a été interdit après un procès tenu pour obscénité, en raison de ses propos très libres sur l'homosexualité féminine.

Originaux, 1872-1986, 6,15 m. Instrument de recherche 1041.

Documents relatifs à Radclyffe Hall et à son amie Una Troubridge, incluant les journaux personnels d'U. Troubridge qui renseignent sur leur vie domestique, leur santé, leurs écrits, leurs familles et leur recherche métapsychique; manuscrits d'U. Troubridge; correspondance entre U. Troubridge et R. Hall; dossiers-matière et dossiers juridiques sur les procès aux États-Unis et en Angleterre; manuscrits et publications de R. Hall; dossiers de recherche, carnets de notes et manuscrits de L. Dickson pour *Radclyffe Hall and the Well of Loneliness*, incluant des manuscrits de Vera Brittain et de Jane Rule sur R. Hall; correspondance avec des lecteurs de la biographie écrite par L. Dickson; correspondance entre L. Dickson et des personnalités littéraires canadiennes et britanniques, telles que Constance Beresford-Howe, Phyllis Grosskurth, Margaret Laurence, Jane Rule et Ethel Wilson. Ce fonds est également disponible sur microfilm, H-1196 à H-1199.

DOUGALL, famille   MG 29, C 34

Lily Dougall (1858-1923) était la fille de John Dougall, négociant montréalais et éditeur de journaux religieux et de tempérance. Elle a fait ses études à New York et en Écosse et, en 1897, elle est revenue à Montréal où elle a été la première éditrice de *The World Wide*, une revue de réflexion contemporaine. En 1903, elle s'est installée de façon définitive à Cumnor (Angleterre) où elle est devenue le pivot d'un groupe de pensée religieuse. Elle a écrit douze romans touchant des thèmes religieux et philosophiques et dont l'histoire de quatre d'entre eux se déroule au Canada. Après 1908, elle s'est consacrée entièrement à l'écriture religieuse.

Originaux, 1837-1951, 64 cm.

Choix de lettres dactylographiées de Lily Dougall, accompagnées de notes biographiques de M.S. Earp. Les papiers de famille comprennent des lettres sur des questions de religion et de tempérance, provenant de la Dominion Alliance for the Suppression of the Liquor Trade et de Mme Gordon Wright, de la Woman's Christian Temperance Union.

DUVERNAY, Ludger (1799-1852)   MG 24, C 3

Marie-Reine Harnois a épousé Ludger Duvernay, journaliste et homme politique du Bas-Canada, en 1825. Il était propriétaire et éditeur de *La Minerve* et après 1837, pendant son exil politique, il a publié le *Patriote canadien*. Il est revenu à Montréal en 1842.

Originaux, 1834, 1 page. Photocopies, 1851, 2 pages. Transcriptions, 1814-1852, 51 cm. Instrument de recherche 796.

Correspondance de Marie-Reine (Harnois) Duvernay, de Marie-Anne-Julie Duvernay (mère de Ludger Duvernay), de Julie Duvernay (sa sœur) et d'autres femmes, qui traite principalement de questions familiales.

ELLICE, Edward (1781-1863) et famille   MG 24, A 2

Katherine Jane Balfour (décédée en 1864) d'Écosse a épousé en 1834 Edward Ellice fils, personnalité politique et diplomate britannique, qui était également propriétaire de la seigneurie de Beauharnois (Bas-Canada). En 1838, elle a accompagné son mari au Canada où il a été secrétaire privé de lord Durham.

Originaux, 1817-1851, 4 cm; photocopies, 1857-1877, 2,5 cm; microfilm, 1770-1934, 20 bobines, A-1 à A-19, A-886. Instrument de recherche 411.

Journal personnel de Jane Ellice qui décrit ses expériences au Canada, la vie à la seigneurie de Beauharnois et son arrestation pendant la révolte de 1838. Les illustrations qui accompagnaient le journal ont été transférées à la Division de l'art documentaire et de la photographie des Archives nationales du Canada. Ce journal, disponible sur microfilm (bobine C-4648), a été publié par Patricia Godsell sous le titre *The Diary of Jane Ellice* (Toronto, v. 1975).

ENDICOTT, James G. (né en 1898)   MG 30, C 130

Mary Austin est née à Chatham (Ontario) en 1897. Avant son mariage avec le missionnaire James G. Endicott, elle a participé activement aux Canadian Girls in Training (CGIT) et au Student Christian Movement. Elle a accompagné son mari en Chine où ils ont eu quatre enfants. À son retour au Canada, elle a repris ses activités aux CGIT et a fait partie du conseil scolaire de York (Ontario). Suite à sa participation à la révolution chinoise, James Endicott a abandonné son travail de missionnaire et s'est consacré au mouvement pour la paix. Mary a travaillé avec lui dans des organisations pacifistes ainsi qu'au journal *Far Eastern Newsletter*. Son livre *My Journey for Peace* (1951) décrit la Conférence mondiale pour la paix qui a eu lieu à Sheffield et à Varsovie, en 1951. *Five Stars over China* (v. 1953) raconte les premières étapes de la révolution chinoise. À sa mort, en 1967, elle travaillait à un livre *My Life with Jim*.

Originaux, s.d. 1891-1984, 16,77 m; photocopies, 1983-1984, 8 pages. Instrument de recherche 1474.

Papiers de famille comprenant les journaux personnels de Mary Endicott, 1907, 1925, 1926 et 1952, ainsi que des essais et des notes; documents relatifs aux CGIT, 1924-1951; correspondance de la famille Austin; manuscrits d'articles sur la Chine et le mouvement pour la paix; poèmes; documentation pour *My Journey for Peace* et *Five stars over China*. Les photographies ont été transférées à la Division de l'art documentaire et de la photographie des Archives nationales du Canada.

FEDERATED WOMEN'S INSTITUTES OF CANADA   MG 28, I 316
(fondés en 1919)

Le premier institut féminin a été organisé à Stoney Creek (Saltfleet) en Ontario, en février 1897, par Adelaide Hoodless afin de promouvoir les principes scientifiques dans la gestion domestique et l'éducation des enfants. Par la suite, d'autres instituts ont été créés dans tout le Canada et le gouvernement de l'Ontario a apporté son aide financière à des cours d'hygiène, de nutrition, de cuisine, de couture et de soins à domicile. Les représentantes provinciales se sont réunies à Winnipeg, en 1919, pour former les Federated Women's Institutes of Canada. Le mandat de cet organisme a dépassé les préoccupations domestiques pour inclure l'étude de problèmes nationaux et internationaux, et plus particulièrement ceux touchant les femmes et les enfants. Les Federated Women's Institutes of Canada sont affiliés à l'Associated Country Women of the World.

Originaux, 1919-1984, 6,29 m. Instrument de recherche 1298.

Correspondance, archives des assemblées annuelles du conseil d'administration et rapports des comités; dossiers-matière; manuscrits comprenant des mémoires à diverses commissions royales; imprimés, dont le *Federated News*; archives des Northern Canadian Women's Institutes; archives relatives à l'Associated Country Women of the World; autres documents.

FÉDÉRATION CANADIENNE DE HOCKEY   MG 28, I 376
SUR GAZON

Le hockey sur gazon a d'abord été une activité sportive réservée aux écolières avant d'être pratiqué dans les ligues adultes, aussi bien par les hommes que par les femmes, partout au Canada. Le premier match resté dans les annales a été disputé par des femmes à Vancouver, en 1896, année où a été formé le club féminin de Vancouver. La première association canadienne féminine de hockey sur gazon a été créée à Vancouver en 1927. En 1962, l'Association canadienne féminine de hockey sur gazon a été instituée pour organiser et promouvoir ce sport à l'échelle nationale. La Fédération canadienne de hockey sur gazon chapeaute l'Association canadienne de hockey sur gazon (pour hommes) et l'Association canadienne féminine de hockey sur gazon.

Originaux, 1963-1983, 23,6 m.

Correspondance, procès-verbaux, rapports, photographies et albums de l'Association canadienne féminine de hockey sur gazon et de la Fédération féminine de hockey sur gazon de la Colombie-Britannique, qui concernent principalement des rencontres nationales et internationales; correspondance, procès-verbaux, rapports et publications relatifs aux fonctions financières, techniques et administratives de l'Association canadienne féminine de hockey sur gazon et de la Fédération canadienne de hockey sur gazon; dossiers tenus par la présidence.

FÉDÉRATION CANADIENNE DES CLUBS DE   MG 28, I 55
FEMMES DE CARRIÈRES LIBÉRALES ET
COMMERCIALES (fondée en 1930)

Malgré l'existence depuis un certain nombre d'années de clubs de femmes de carrières libérales et commerciales, ce n'est qu'en 1930 que des représentantes de cinq clubs se sont réunies pour fonder la Fédération canadienne des clubs de femmes de carrières libérales et commerciales. Opposée à l'idée que le rôle des femmes dans la société se bornait à des fonctions domestiques, cette fédération cherchait à faire modifier les lois pour donner aux femmes des chances et des possibilités de promotion égales à celles des hommes. Dans les années 1960, la fédération a élargi son champ d'action pour inclure la parité salariale, les régimes de retraite et l'emploi à temps partiel.

Originaux, 1930-1982, 12,1 m. Instrument de recherche 485.

Correspondance; coupures de presse et publications; albums; procès-verbaux de congrès et d'assemblées annuelles; dossiers de la direction de *The Business and Professional Woman*; documents administratifs divers.

FÉDÉRATION CANADIENNE DES FEMMES   MG 28, I 196
DIPLÔMÉES DES UNIVERSITÉS (fondée en 1919)

La Fédération canadienne des femmes diplômées des universités a été fondée en 1919 par des représentantes de six clubs de femmes diplômées d'universités. En 1920, elle a participé à la création de la Fédération internationale des femmes diplômées des universités. La fédération canadienne vise à améliorer la situation économique, juridique et professionnelle des Canadiennes, à éveiller l'intérêt de ses membres pour les affaires publiques et à encourager la participation des femmes compétentes aux affaires publiques. Elle s'efforce également de promouvoir, à l'échelle nationale et internationale, la compréhension et la collaboration entre les femmes diplômées d'universités. Dans les années 1970, la fédération a établi une liste de femmes compétentes pour faciliter l'avancement des femmes de professions libérales.

Originaux, s.d., 1875-1988, 15,53 m. Instrument de recherche 923.

Procès-verbaux; rapports annuels; dossiers-matière contenant de la correspondance, des rapports et des résolutions sur des sujets tels que l'Année internationale de la femme et la Commission royale d'enquête sur la situation de la femme, ainsi que sur d'autres organismes comme la Fédération internationale des femmes diplômées des universités, l'American Association of University Women, le Conseil national des femmes du Canada, le Conseil national des femmes juives du Canada et la Voix des femmes; renseignements sur les premières femmes diplômées d'universités canadiennes; coupures de presse; mémoires; correspondance et rapports des clubs; documents relatifs à la liste de femmes compétentes; publications telles que le périodique de la fédération, *Chronicle* (1920-1982), et un rapport du Club de Winnipeg des femmes diplômées des universités intitulé « The Work of Women and Girls in Department Stores in Winnipeg » (1914).

FÉDÉRATION DES FEMMES CANADIENNES-FRANÇAISES
(fondée en 1914)

MG 28, I 231

Fondée à Ottawa, la Fédération des femmes canadiennes-françaises se proposait à l'origine d'aider les soldats canadiens-français et leurs familles. Avec le temps, le mandat de la fédération s'est élargi pour inclure la défense de la culture canadienne-française et de la religion catholique, les réformes sociales et l'avancement des femmes. (Elle a récemment pris le nom de Fédération nationale des femmes canadiennes-françaises.)

Originaux, 1918-1975, 1,25 m. Instrument de recherche 456.

Procès-verbaux; rapports annuels; coupures de presse; dossiers-matière comprenant des dossiers relatifs à des organismes connexes, tels que la Catholic Women's League, la Société de l'aide à l'enfance d'Ottawa, le Comité féminin d'assistance immédiate, le Ottawa Day Nursery, les Guides du Canada, la Fédération nationale Saint-Jean-Baptiste, l'Institut Jeanne d'Arc, le Conseil national des femmes du Canada, la Canadian Women's Memorial Building Federation, l'Orphelinat Saint-Joseph et l'Association canadienne-française d'éducation de l'Ontario, de même que des dossiers sur des questions touchant les femmes et la culture canadienne-française; autres documents administratifs.

FÉDÉRATION DES FEMMES MÉDECINS DU CANADA
(fondée en 1924)

MG 28, I 324

La Fédération des femmes médecins du Canada a été fondée à Ottawa en 1924 dans le but de promouvoir l'intérêt des femmes pour la médecine et de fournir un milieu propice aux échanges d'idées. L'une de ses principales préoccupations a été la formation de femmes médecins. L'aide financière aux étudiantes en médecine a été fournie par le programme de prêts-bourses Maude Abbott.

Originaux, 1939-1980, 1,3 m. Instrument de recherche 1555.

Procès-verbaux, correspondance, rapports annuels, bulletins et rapports relatifs aux membres; rapports et correspondance de l'Association internationale des femmes médecins; rapports de comités et correspondance relative au programme de prêts-bourses Maude Abbott; dossiers-matière comprenant des mémoires, des tirés à part sur l'emploi des femmes médecins et des rapports des sections provinciales; coupures de presse et albums; dossiers historiques; autres documents.

FERNET-MARTEL, Florence (née en 1892)

MG 30, C 106

Née à Woonsocket (Rhode Island), Florence Fernet a été l'une des cinq premières femmes bachelières du Québec et, avant son mariage en 1923, elle a travaillé comme traductrice. Elle a participé activement aux associations féminines, telles que l'Association fédérée des anciennes élèves des couvents catholiques, la Ligue des droits de la femme et la Fédération canadienne des femmes diplômées des universités (section de Montréal). Elle a participé, aux côtés de Thérèse Casgrain, à la lutte pour les droits de la femme au Québec et à l'émission radiophonique *Fémina*. Pendant la Deuxième Guerre mondiale, elle a dirigé la division féminine du Service sélectif national. En 1958, elle est devenue rédactrice de la page féminine de *La Réforme* et, de 1961 à 1966, a été censeure cinématographique.

Originaux, s.d., 1877-1983, 68 cm; photocopies, 1908-1968, 10 pages. Instrument de recherche 940.

Correspondance; documents personnels; papiers de famille; manuscrits d'histoires, d'articles, de discours et du livre de F. Fernet-Martel, *Les Fernet* (v. 1983); documents relatifs à des organisations telles que la Fédération nationale Saint-Jean-Baptiste; coupures de presse.

FIELD, Martha (1814-1884), SIMPSON, Frances   MG 24, K 48
(1821-1891) et famille

Martha Field (née Gay) et sa jeune sœur Frances Simpson (née Gay) sont nées à Norfolk (Angleterre). Après la mort de son mari en 1872, Frances a envoyé ses deux fils aînés s'installer en Ontario, tandis qu'elle a emmené le reste de ses nombreux enfants en France pour parfaire leur éducation. En 1879, elle est venue s'installer avec toute sa famille à Hamilton (Ontario).

Originaux, s.d., v. 1842-1972, 1983-1984, 17,5 cm; photocopies, 1765-1984, 9 cm. Instrument de recherche 1455.

Quatre livres de recettes de cuisine — représentant trois générations de la famille de Frances Simpson — comprenant des recettes de plats et de boissons, des conseils de gestion domestique, des remèdes maison et des patrons de tricot; deux courts journaux intimes de Frances Simpson qui relatent les événements des années entourant le décès de son mari et un troisième journal qui témoigne de la vie quotidienne à Hamilton, des tâches domestiques, des visites de la parenté, des achats et du rendement des investissements; correspondance familiale de cinq générations; photocopies de photographies.

FINNISH ORGANIZATION OF CANADA   MG 28, V 46
(fondée en 1923)

La Finnish Organization of Canada (FOC) a appuyé le mouvement radical de la classe ouvrière au Canada. Les femmes ont joué un rôle actif dans les Women's Labour Leagues et autres organismes de la division féminine de la FOC. Au cours des années 1920, les Women's Labour Leagues finlandaises ont exercé une grande influence sur la Federation of Women's Labour Leagues organisée par le Parti communiste du Canada. Malgré les efforts réalisés pour attirer des femmes salariées, les membres étaient principalement des ménagères de la classe ouvrière, qui divisaient leur temps entre leur formation personnelle et les collectes de fonds. Elles revendiquaient l'équité salariale, le congé de maternité et le contrôle des naissances. Sanna Kannasto a été une importante organisatrice des Women's Labour Leagues.

Originaux, s.d., 1881-1983, 48,3 m. Instrument de recherche 1619.

Documents sur le rôle des femmes, dossiers du comité central des femmes, cartes de membres, recueils de procès-verbaux, 1947-1964, et correspondance générale; procès-verbaux de la Women's Labour League de Tarmola (Ontario), 1930-1932; procès-verbaux de la division féminine finlandaise du Parti communiste du Canada et de la Women's Labour League de Toronto, 1926-1933, et procès-verbaux des réunions du comité de travail et du conseil d'administration, 1926-1932; procès-verbaux de la section finlandaise de la division féminine et de la section locale du Parti communiste du Canada de Ladysmith (Colombie-Britannique), 1925-1926; documents relatifs à Sanna Kannasto; documents d'organismes connexes, tels que la Canadian Federation of Women's Leagues, les sociétés de tempérance, le Congress of Canadian Women, la Fédération démocratique internationale des femmes, le World Congress of Mothers et le World Congress of Women.

FISCHER, Sarah (1896-1975)   MG 30, D 207

Sarah Fischer a émigré de Paris en 1909. Elle a obtenu la bourse McGill pour étudier au Royal College of Music de Londres (Angleterre). Au cours de sa carrière européenne, elle s'est produite à Old Vic et à Covent Garden à Londres, à l'Opéra comique à Paris, ainsi qu'à Rome, Vienne et Berlin. En 1940, elle est revenue à Montréal pour se consacrer à l'enseignement. S. Fischer a fondé la série de concerts Sarah Fischer et les bourses d'étude Sarah Fischer pour aider les jeunes musiciens.

Originaux, s.d., années 1850, 1874-1975, 8,75 m. Instrument de recherche 1063.

Documents biographiques; documents financiers; souvenirs; carnets d'adresses; magazines, 1919-1942, 1960-1975; correspondance; dossiers-matière relatifs à des personnalités telles qu'Emma Albani, l'un des premiers mentors de S. Fischer, et à des organismes culturels et féminins comme la section féminine du Cercle canadien de Montréal et le Ladies Morning Musical Club de Montréal; documents relatifs aux concerts et aux bourses d'étude S. Fischer; programmes; partitions musicales; théorie musicale; publications; coupures de presse.

FLAHERTY, Dorothy Eva (1905-1985)   MG 31, K 25
et Frank (1903-1980)

Dorothy Flaherty (née Rhodes) a travaillé comme reporter jusqu'à son mariage en 1934. Elle a alors déménagé à Ottawa et y a élevé quatre enfants. Des années 1950 aux années 1980, elle a joué un rôle important dans plusieurs organisations féminines. Elle a été présidente de la section d'Ottawa de l'Association des femmes diplômées des universités, vice-présidente de la section d'Ottawa du Conseil national des femmes et membre des conseils d'administration de la Fédération canadienne des femmes diplômées des universités et du Conseil national des femmes du Canada. Elle a été présidente du

Comité canadien sur la situation de la femme (CCSF) de 1974 à 1982, présidente des Elizabeth Fry Societies d'Ottawa et de l'Ontario, et membre de l'Association canadienne pour la prévention du crime (originellement la Société canadienne de criminologie).

Originaux, s.d., 1919-1985, 4,95 m. Instrument de recherche 1620.

Documents relatifs au rôle de D. Flaherty à la Fédération canadienne des femmes diplômées des universités, au Conseil national des femmes du Canada, au CCSF, au Comité d'action nationale sur la situation de la femme, à la Commission royale sur la situation de la femme, aux Elizabeth Fry Societies et à l'Association canadienne pour la prévention du crime, 1928-1985, comprenant des mémoires, des notes de recherche, des publications, des communiqués de presse, des rapports et des lettres adressées au CCSF par des femmes vivant des situations familiales difficiles, 1954-1955; dossiers de référence incluant des coupures de presse et d'autres imprimés classés par sujet; correspondance personnelle; documents relatifs aux affaires municipales.

FLEMING, Gertrude (connue 1891-1892)   MG 29, C 96

Gertrude Fleming (née Mackintosh) a épousé Sandford Hall Fleming (fils de sir Sandford Fleming) le 7 novembre 1891, à Ottawa. Ils ont visité l'Europe pendant leur voyage de noces et ont vécu à Ottawa, puis à Maniwaki.

Originaux, 1891-1892, 2,5 cm.

Journal du voyage de noces de Gertrude Fleming en Europe (8 novembre 1891-11 janvier 1892) renseignant sur la vie sociale des Fleming, les hôtels où ils sont descendus et la santé de Gertrude Fleming.

FORSTER, Mme (connue 1869)   MG 55/29, No 131

Mme Forster a émigré d'Irlande en 1869 avec son mari et cinq enfants. Ils se sont embarqués à Dublin sur le *Lady Seymour*.

Original, 1869, 22 pages.

Journal de Mme Forster racontant ses expériences sur le bateau, comprenant des descriptions des conversations à bord, du mal de mer, des conditions de voyage et des repas, ainsi que des conseils aux futurs immigrants; textes de poèmes humoristiques et de chansons de marins.

FRANCA, Celia (née en 1921)   MG 31, D 113

Originaire de Londres (Angleterre), Celia Franca a dansé avec le ballet
Rambert, le Sadler's Wells Ballet et le Metropolitan Ballet, et a réalisé
de nombreuses chorégraphies. Venue au Canada pour faire une étude
de faisabilité pour le compte du National Ballet Guild Committee, elle
a fondé le Ballet national du Canada en 1951. Danseuse étoile de la
compagnie jusqu'en 1959, C. Franca en a été directrice artistique
jusqu'en 1974. En 1959, elle a participé à la fondation de l'École
nationale de ballet. Elle a continué son travail de chorégraphe et, après
sa retraite, elle a collaboré à l'album-souvenir *The National Ballet of
Canada : A Celebration* (1978). Elle poursuit à titre indépendant ses
activités dans le monde du ballet canadien.

Originaux, 1919, 1930-1981, 5,75 m. Instrument de recherche 1343.

Correspondance traitant de questions personnelles, familiales et
professionnelles; notes; dossiers-matière relatifs au ballet en
Angleterre et au Canada, ainsi qu'aux arts au Canada; dossiers du
Ballet national du Canada comprenant des agendas qui remontent à
1951, de la correspondance échangée avec des collègues telles que
Betty Oliphant et Kay Ambrose, et des notes de cours; dossiers sur la
préparation de l'album-souvenir *The National Ballet of Canada : A
Celebration*; programmes; souvenirs; imprimés.

GELDARD-BROWN, Mabel (née en 1890)   MG 30, E 497

Originaire d'Écosse, Mabel Geldard-Brown a mené une carrière
diversifiée de travailleuse sociale spécialisée dans le secours international et les migrations. Avant de s'installer au Canada en 1928, elle a
travaillé en Grèce pour la section macédonienne des Scottish Women's
Hospitals, en Serbie pour la SHS Child Welfare Association (1919-
1921), en Pologne avec le British Committee for Relief (1922-1923), et
en Suisse et en Grèce pour le Service international des migrations
(1925-1928). De 1928 à 1932, M. Geldard-Brown a été à l'emploi de la
Young Women's Christian Association of Canada (YWCA) comme
secrétaire dans les ports de St. John et de Québec, puis comme
secrétaire administrative du ministère des Affaires internationales et
du ministère des Services sociaux à Toronto. Par la suite, M. Geldard-
Brown a occupé divers postes en travail social à Montréal et à Ottawa,
entre autres au Iverley Settlement de Montréal (1932-1935). De 1944 à
1946, elle a été spécialiste des personnes déplacées à l'Administration
des Nations Unies pour les secours et la reconstruction en Égypte, en
Grèce et en Italie. Elle a ensuite été au service du ministère canadien
du Travail, d'abord en tant que spécialiste des personnes déplacées
puis a travaillé à l'élaboration d'un système visant à faciliter

l'immigration de femmes britanniques comme employées de maison au Canada. Elle a pris sa retraite en 1953.

Originaux, s.d., 1916-1989, 55 cm.

Renseignements biographiques, correspondance, rapports, mémoires, procès-verbaux, articles, discours, coupures de presse, imprimés, notes, souvenirs, documents de voyage, listes et renseigne- ments statistiques, et autres documents relatifs à la carrière de M. Geldard-Brown renseignant sur les Scottish Women's Hospitals, la SHS Child Welfare Association, le British Committee for Relief, le Service international des migrations, le YWCA du Canada, Iverley Settlement, l'Administration des Nations Unies pour les secours et la reconstruction, et le ministère du Travail du Canada, y compris le système d'aide à l'immigration des domestiques. La série du YWCA renferme de la documentation sur les immigrantes que M. Geldard- Brown rencontrait et conseillait lorsqu'elle était secrétaire dans les ports.

GIRLS' COTTAGE SCHOOL, Sweetsburg,   MG 28, I 404
St-Bruno (Québec) (fondée en 1911)

La Girls' Cottage School était un foyer protestant de réadaptation pour jeunes délinquantes envoyées par les tribunaux de Montréal. D'abord connue sous le nom de Girls' Industrial Cottage School, cette école a été fondée par Beatrice et Mary Hickson. Elle s'est associée peu à peu à d'autres organismes de services sociaux et a été constituée juridiquement en 1913, en vertu de la loi provinciale sur les maisons de correction. En 1922, elle a été intégrée à la Welfare Federation. En 1930, elle a pris le nom de Girls' Cottage School et, en 1976, celui de St-Bruno Boys' and Girls' Cottage School. En 1977, elle a fusionné avec d'autres organismes de la région de Montréal.

Originaux, s.d., 1913-1976, 66 cm. Instrument de recherche 1500.

Procès-verbaux, 1955-1971, et rapports de réunions; rapports de membres du bureau directeur et du personnel, dont les travailleuses sociales chargées des suivis, 1926-1928, et la directrice, 1927-1928, 1935-1946; dossiers-matière comprenant une étude sur un groupe de délinquantes, 1926, des discours, des plans architecturaux, des dos- siers personnels, 1941-1942, des dossiers de travail sur le terrain et des dossiers de suivis de cas, s.d., 1929, 1943, des rapports historiques et des sommaires de cas, [1919]; publications, dont une thèse sur les interventions des responsables d'institutions et deux historiques de l'école; états financiers et budgets; registres, 1951-1976. Ce fonds est également disponible sur microfilm, bobines H-1665 à H-1667.

GIRLS' FRIENDLY SOCIETY, Londres (Angleterre)   MG 28, I 349
(fondée en 1875)

Fondée par cinq Anglaises, la Girls' Friendly Society (GFS) était un organisme social de bienfaisance pour jeunes filles. Elle était affiliée à l'Église d'Angleterre et mettait l'accent sur la pureté. Le second principe de base de la société s'énonçait comme suit : « Les jeunes filles qui ne font pas preuve d'une nature vertueuse ne peuvent devenir membres; si cette nature venait à changer, la jeune fille perdrait aussitôt sa carte de membre ». Elle organisait des activités constructives pour les jeunes filles et les femmes employées de maison, employées de bureau et ouvrières d'usine et elle encourageait l'émigration dans les colonies britanniques. La société essayait d'organiser des filiales au Canada, à Terre-Neuve et dans d'autres régions de l'Empire britannique.

Microfilm, 1880-1955, 30 bobines, A-1188 à A-1217.

Archives de la société relatives au Canada et à Terre-Neuve, comprenant les procès-verbaux du conseil central, 1880-1895, des comités coloniaux, d'outre-mer et de l'Empire, 1896-1955, et d'autres procès-verbaux de la GFS; correspondance et papiers, 1912-1941; documents sur les relations avec l'Église d'Angleterre et d'autres organismes, tels que le Young Women's Christian Association et la Society for the Oversea Settlement of British Women; registre de recommandations pour le Canada, 1907-1927; historique de la GFS, 1875-1935; imprimés; rapports diocésains relatifs au Canada, 1919-1936; publications, 1883-1950.

GRANDE-BRETAGNE : Centre d'archives du comté   MG 40, M 18
de Hereford et Worcester, British Women's
Emigration Association

A.L. Vernon a voyagé au Canada entre avril et juillet 1904 pour le compte de la British Women's Emigration Association (BWEA) afin d'étudier les possibilités d'emploi et de logement pour les ouvrières d'usines. Elle a rencontré des propriétaires d'usines et des représentantes d'organismes féminins à Québec, Montréal, Ottawa, Kingston, Toronto, London, Hamilton, Paris et Winnipeg. Son rapport a dissuadé la BWEA de mettre sur pied un programme d'aide à l'émigration d'ouvrières d'usines.

Microfilm, 1904, bobine A-1605. Instrument de recherche 90.

Carnet de notes (109 p.) prises par A.L. Vernon pendant son enquête, comparant les usines canadiennes aux usines britanniques et renseignant sur les conditions de travail, les salaires, le logement, la demande d'ouvrières dans les usines et la possibilité de favoriser l'immigration; coupure de presse décrivant le travail d'A.L. Vernon.

GUIDES DU CANADA   MG 28, I 290
(fondée en 1912)

La première compagnie de guides canadiennes a été mise sur pied en 1910, à St. Catharines (Ontario), un an après la création du mouvement des guides en Angleterre. En 1912, un conseil canadien a été formé, puis constitué en société en 1917, sous le nom de Conseil canadien de l'Association des guides. Le nom actuel a été adopté en 1961. Le mouvement des guides met l'accent sur les activités de plein air et vise à inculquer aux jeunes filles le sens des responsabilités civiques et familiales. Les catholiques francophones ont constitué un organisme affilié, la Fédération des guides catholiques de la province de Québec, qui a fonctionné jusqu'en 1962, date à laquelle les Guides catholiques du Canada (secteur français) se sont affiliées aux Guides du Canada.

Originaux, 1911-1985, 1,6 m. Instrument de recherche 1661.

Procès-verbaux de réunions, 1911-1970; rapports annuels, 1929-1981; exemplaires de *Policy Organization and Rules* et documents connexes; albums de coupures de presse et de souvenirs pour les années 1912 à 1961.

HADASSAH-WIZO DU CANADA   MG 28, V 74
(fondée en 1917)

La Hadassah-WIZO du Canada est le principal organisme canadien de regroupement des femmes juives. Il a été créé pendant la Première Guerre mondiale pour venir en aide aux réfugiés en Europe de l'Est. Le premier chapitre a été organisé en 1916 et, en 1919, plusieurs organismes féminins sionistes ont fusionné pour former la Hadassah-WIZO du Canada. En 1920, elle s'est affiliée à l'Organisation internationale des femmes sionistes. Avant et après la Seconde Guerre mondiale, la Hadassah-WIZO du Canada a prêté main forte à l'installation en Israël d'enfants réfugiés et a participé à d'importantes réalisations sociales et éducationnelles en Israël. Cet organisme est formé de chapitres locaux qui élisent, lors de congrès nationaux bisannuels, un conseil d'administration chargé de mettre en œuvre les lignes directrices nationales.

Originaux, 1912-1975, 11,3 m. Instrument de recherche 1235.

Délibérations des congrès nationaux et régionaux; procès-verbaux des réunions du conseil d'administration national, du conseil national, des directeurs nationaux, des comités administratifs et des différents chapitres; dossiers administratifs du bureau national; correspondance générale et documents relatifs à d'autres organismes tels que l'Organisation internationale des femmes sionistes; dossiers traitant de réalisations et d'activités au Canada et en Israël; publications et albums; documents du conseil de la Hadassah-WIZO de Vancouver; documents divers.

HALL, Amelia (1915-1984)   MG 30, D 324

Venue de Leeds (Angleterre), Amelia Hall est arrivée au Canada en 1921. De 1939 à 1948, elle a travaillé comme professeure tout en étant actrice au Ottawa Drama League, dont elle était également directrice. En 1948, elle est devenue actrice à plein temps et a fait ses débuts dans *The Glass Menagerie* au Montreal Repertory Theatre. En 1949, elle a cofondé le Junior Theatre à Ottawa. De 1949 à 1954, elle a travaillé avec le Canadian Repertory Theatre à Ottawa et avec de nombreux théâtres d'été. Associée au festival de Stratford de 1953 à 1984, elle a joué dans de nombreuses pièces partout au Canada. Elle a également travaillé pour la télévision et la radio.

Originaux, s.d., 1854-1888, 1904-1984, 7,7 m. Instrument de recherche 1617.

Correspondance personnelle comprenant des lettres relatives à sa carrière; journaux, discours et carnets de notes; manuscrits comprenant des renseignements biographiques, de la poésie, des scénarios, des discours et des mémoires; textes de pièces; documents pédagogiques; documents relatifs à sa carrière dans les théâtres d'été, au Canadian Repertory Theatre, à Stratford et dans d'autres théâtres; documents financiers; programmes de théâtres; coupures de presse et articles; albums; autres documents.

HALL, Ella (connue 1898)   MG 29, C 49

En 1898, Ella Hall (devenue plus tard Mme J.A. Van Winkle) a fait un voyage au Klondike avec sa sœur, Lizzie M. Cheever. Elles se sont fait construire un chalet près de Dawson où elles ont demeuré quelques années.

Photocopies, 1898-1903, 37 pages.

Récit de voyage de Boston (Massachusetts) à Dawson et description de divers aspects de la vie au Klondike, tels que la température, l'approvisionnement en nourriture, la vie sociale, les fêtes de Noël et la sécurité des femmes à Dawson. Coupures de presse de poèmes et de chansons sur le Klondike.

HARGRAVE, James (1798-1865) et famille   MG 19, A 21

James Hargrave a immigré au Canada en 1820 et est entré à la Compagnie du Nord-Ouest peu de temps avant la fusion de cette dernière avec la Compagnie de la Baie d'Hudson. En 1840, il a épousé Letitia Mactavish (1813-1854), originaire d'Édimbourg. Ils se sont installés à York Factory (Terre de Rupert, aujourd'hui Manitoba), puis à Sault Ste. Marie et ont eu trois enfants.

Originaux, 1618-1897, 3,6 m. Instrument de recherche 287.

Les lettres de Letitia Hargrave à sa famille en Angleterre, 1838-1852, forment une série à part dans ce fonds. L. Hargrave y décrit sa vie d'épouse de négociant en fourrures, les relations avec les Amérindiens et leur mode de vie, les rivalités religieuses et d'autres aspects de la vie quotidienne à York Factory. Une partie de ce fonds est disponible sur microfilm (bobines C-73 à C-84, cette dernière comprenant la plupart des lettres de L. Hargrave). Des extraits de cette correspondance ont été publiés par Margaret Arnett MacLeod sous le titre *The Letters of Letitia Hargrave* (Toronto, 1947) et par G.P. de T. Glazebrook, sous le titre *The Hargrave Correspondence, 1821-1843* (Toronto, 1938).

HENEKER, Dorothy (1886-1968) et famille   MG 30, C 128

Dorothy Alice Heneker a obtenu un baccalauréat en droit civil et un baccalauréat en Common law (1924-1925) à l'Université McGill de Montréal. Les règlements du Québec ne permettant pas aux femmes de pratiquer le droit, elle a travaillé dans les affaires pendant plusieurs années, s'occupant des investissements des femmes, avant d'entrer dans le cabinet d'avocat de son père. Elle a joué un rôle dans le mouvement des femmes, à titre de présidente du Club des femmes de carrières libérales et commerciales de Montréal (1929) et de la Fédération canadienne des clubs de femmes de carrières libérales et commerciales (1930-1932). Elle a représenté le Canada lors de la fondation de la Fédération internationale des clubs de femmes de carrières libérales et commerciales (1930), dont elle a par la suite été secrétaire, directrice, puis vice-présidente.

Originaux, 1833-1986, 0,78 m. Instrument de recherche 1709.

Correspondance relative à la vie personnelle et professionnelle de Dorothy Heneker et à ses activités pour le compte des Fédérations canadienne et internationale des clubs de femmes de carrières libérales et commerciales; conférences et notes sur le mouvement féministe au Canada et dans d'autres pays, et sur l'histoire du Canada français; documents biographiques comprenant un journal, 1937, et un carnet de notes; coupures de presse relatives à son travail et à ses intérêts; papiers de famille.

HIBBERT, Joyce (née en 1923)   MG 30, C 170

Pendant la Deuxième Guerre mondiale, Joyce Hibbert a travaillé dans le Royal Observer Corps et est venue au Canada en mars 1946 sur l'un des bateaux pour épouses de guerre. Elle a travaillé pour des journaux et revues de la région de Montréal, et pour le réseau anglais de Radio-Canada à Montréal. Elle est l'auteure de *The War Brides* (1978).

Originaux, 1946, 1975-1983, 12 cm. Instrument de recherche 1138.

Lettres d'épouses de guerre rappelant leurs expériences en Angleterre, leur voyage au Canada et leurs premières impressions sur leur nouveau pays, rassemblées par Joyce Hibbert pour la rédaction de son livre; dossier sur la Saskatchewan War Brides Association et l'Association belgo-canadienne.

HOERNER, Sophie (1877-1961)   MG 30, E 290

Originaire de Montréal, Sophie Hoerner a été directrice d'un hôpital à Saranac Lake (New York) pendant 14 ans; puis, pendant la Première Guerre mondiale, elle est partie outre-mer avec le corps médical de l'armée canadienne. Au début de l'été 1915, elle a travaillé en France à l'Hôpital général canadien n° 1 avant de devenir directrice des soins infirmiers, puis directrice adjointe du Centre d'évacuation des blessés n° 3. Elle a reçu l'Ordre de la Croix-rouge royale pour son travail pendant la guerre.

Photocopies, 1915-1916, 2 cm.

Lettres écrites par Sophie Hoerner pendant son voyage vers la France et son séjour là-bas, décrivant en détail les hôpitaux français, les conditions de vie des infirmières, son travail et ses inquiétudes quant au sort des soldats qu'elle soignait; coupures de presse décrivant l'accueil qui lui avait été réservé lors d'une visite à Saranac Lake.

HÔPITAL GÉNÉRAL DE MONTRÉAL (fondé en 1694)   MG 17, A 15

L'Hôpital général de Montréal a été fondé en 1694 par la communauté des frères Hospitaliers de la Croix et de Saint-Joseph (les frères Charon). En 1747, l'hôpital a été confié aux sœurs grises de la Charité et à leur fondatrice, Mme d'Youville.

Originaux, 1908, 2,5 cm; transcriptions, 1692-1773, 5 cm.

Rapport sur les archives de l'Hôpital général, 1908; ordonnances, procurations et notes de Mme d'Youville, 1692-1760; lettres entre les procureurs de l'hôpital en France et les frères Charon ou Mme d'Youville, 1699-1773. Le fonds est également disponible sur microfilm, bobine C-14017.

HÔTEL-DIEU DE QUÉBEC (fondé en 1639)   MG 17, A 10

Hôpital fondé en 1639, l'Hôtel-Dieu de Québec est l'œuvre de trois religieuses augustines hospitalières venues de Dieppe et établies à Sillery. Pendant toute son histoire, l'Hôtel-Dieu a été dirigé et administré par des religieuses.

Originaux, 1908, 2,5 cm; transcriptions, s.d., 1636-1852, 42,5 cm. Instrument de recherche 1230.

Correspondance relative à l'approvisionnement et à d'autres questions administratives, 1646-1797; correspondance de mère Duplessis de l'Enfant-Jésus, s.d., 1749-1755, et quelques documents comptables relatifs aux remèdes, 1732-1757; correspondance de mère Duplessis de Sainte-Hélène, 1720-1758; correspondance avec les gouverneurs et les administrateurs de la Nouvelle-France, 1749-1759; correspondance de monseigneur de Pontbriand et de mère Duplessis de Sainte-Hélène, 1747-1760; registres de patients soignés à l'hôpital, 1689-1824; notes historiques, 1636-1716, 1908; documents divers. Ce fonds est également disponible sur microfilm, bobines C-14015 à C-14017.

HOUSSER, Yvonne (née en 1898)   MG 30, D 305

Originaire de Toronto, Yvonne Housser (née McKague) a étudié à l'Ontario College of Arts (1915-1920) et à Paris. Elle a enseigné à l'Ontario College of Arts et a été associée au groupe dissident, la Art Students' League. Elle a exposé pour la première fois en 1923 avec la Royal Canadian Academy of Arts et, de 1928 à 1931, avec le Groupe des sept. Elle a été membre fondateur du Groupe des peintres canadiens et a épousé le secrétaire du groupe, Frederick Broughton Housser. Elle a également été membre de la Theosophical Society de Toronto.

Originaux, 1918-1983, 42 cm. Instrument de recherche 1476.

Correspondance comprenant des lettres d'autres théosophes et artistes tels qu'Isabel McLaughlin; documents biographiques et autres, relatifs à ses carrières de peintre et d'enseignante; documents financiers; lettres et poèmes échangés avec son mari; journaux tenus à la fois par Yvonne et Frank Housser contenant des citations, des poèmes, des coupures de presse et des circulaires de la Theosophical Society de

Toronto, 1921-1982; souvenirs de ses études et de ses voyages; documents personnels; comptes rendus et articles sur Y. Housser.

IMPERIAL ORDER DAUGHTERS OF THE EMPIRE   MG 28, I 17
(Chapitre national) (fondé en 1900)

Fondé en 1900 par Margaret Polson Murray de Montréal sous le nom de Federation of the Daughters of the British Empire, et de Children of the Empire pour la section jeunesse, l'ordre a déménagé son bureau principal à Toronto en 1901, et a été constitué juridiquement en Ontario sous le nom d'Imperial Order Daughters of the Empire (IODE) et de Children of the Empire. Il entendait stimuler le sentiment patriotique, renforcer les liens de fraternité entre les femmes et les enfants dans tout l'Empire britannique, promouvoir l'étude de l'Empire, s'occuper des personnes à la charge du personnel militaire, et conserver le souvenir des faits héroïques et historiques. Des chapitres ont été créés dans tout le Canada, aux Bermudes, aux Bahamas, en Inde et aux États-Unis, mais le projet d'organiser un chapitre impérial n'a jamais été réalisé. L'ordre a joué un rôle important dans l'immigration, le bien-être de l'enfance, la santé, les services sociaux et, plus récemment, dans les affaires communautaires.

Originaux, s.d., 1900-1979, 10,74 m; photocopies, 1900-1979, 26 cm; transcriptions, 1900-1906, 2 cm. Instrument de recherche 1200.

Procès-verbaux de l'administration nationale, 1901-1974; rapports annuels nationaux, 1952-1974; rapports, procès-verbaux et documents provenant de l'organisation américaine; photocopies et transcriptions des premiers recueils de procès-verbaux de l'ordre et du chapitre ontarien de la Federation of the Daughters of the British Empire; documents constitutifs comprenant les demandes de chartes de chapitres canadiens et étrangers; historiques généraux de l'ordre et documentation connexe; correspondance datant principalement des années de formation de l'ordre, renseignant sur les relations avec des filiales non canadiennes telles que la Guild of Loyal Women of South Africa; dossiers-matière sur de nombreuses réalisations et activités de l'IODE; archives de chapitres; imprimés; albums, coupures de presse et souvenirs.

INFIRMIÈRES DE L'ORDRE DE VICTORIA DU CANADA   MG 28, I 171
(fondé en 1897)

Les Infirmières de l'Ordre de Victoria ont été formées par lady Aberdeen pour offrir des services d'infirmières dans les régions éloignées. Entre 1898 et 1924, elles ont fondé 44 hôpitaux dans de simples maisons. Après la Deuxième Guerre mondiale, des hôpitaux municipaux et des infirmières hygiénistes ont remplacé ces services et les Infirmières de l'Ordre de Victoria se sont consacrées aux soins à domicile.

Originaux, s.d., 1897-1972, 1,67 m. Instrument de recherche 1025.

Statuts et règlements; procès-verbaux, 1897-1954; correspondance et ententes avec des hôpitaux locaux, 1901-1959; correspondance générale, dont la correspondance de lady Aberdeen relative à la fondation des Infirmières de l'Ordre de Victoria et à leurs activités, la correspondance du Dr J.M. Gibson sur la question des sages-femmes, 1917, et des lettres de Florence Nightingale; rapports; documents historiques comprenant de brefs historiques et des rapports, et des coupures de presse et de la correspondance relatives aux infirmières sur la route du Klondike en 1898; mémoires; publications et coupures de presse; albums, 1928-1971.

JACKMAN, May Louise (1894-1982)   MG 30, C 210

May Louise Jackman était la deuxième des cinq filles du révérend Jervois Arthur Newnham (1852-1941), évêque de Moosonee et, plus tard, de la Saskatchewan. Elle a étudié à l'Université McGill de Montréal et à Paris, puis a enseigné l'allemand à l'Université de la Saskatchewan. En 1922, elle a épousé un immigrant anglais, Noël Jackman, et s'est installée dans sa propriété près de Prince Albert (Saskatchewan). En 1928, sa santé précaire les a obligés à déménager à Hamilton (Ontario), où elle est retournée à l'enseignement.

Originaux, s.d., 18 pages; photocopies, s.d., v. 1962, 1982, 16 pages.

Récit de May Jackman sur son enfance à la mission anglicane de Moose Factory, qui était le fort de la Compagnie de la Baie d'Hudson à la baie James, décrivant les soins de santé, l'éducation, les domestiques autochtones et d'autres aspects de la vie quotidienne; récit de ses premières années de mariage, intitulé « Farming in Saskatchewan Forty Years Ago » (v. 1962); autres documents biographiques.

JENKINS, Frank Maurice Stinson (1859-1930)   MG 30, D 183
et Annie (1866-1952)

Sœur du poète Archibald Lampman, Annie Lampman a étudié le piano à Leipzig (Allemagne) de 1887 à 1889. Elle a enseigné le chant et le piano à Ottawa, a été organiste et directrice des chœurs à l'église St. George, membre fondateur du Morning Music Club d'Ottawa et fondatrice du Palestrina Choir. En 1892, elle a épousé Frank M.S. Jenkins, et ils ont eu quatre enfants. Leur fille, Ruth, a participé à la mission anglicane en Chine (1920-1927) et, après son mariage, a accompagné son mari, le missionnaire H.G. Watts, au Japon.

Originaux, s.d., v. 1850-1971, 1,15 m. Instrument de recherche 1131.

Carnet de notes et lettres écrites par Annie Lampman pendant ses études à Leipzig (Allemagne); abondante correspondance de Ruth Jenkins décrivant la vie de la mission en Chine, la politique et la culture chinoise, 1920-1927, et la vie au Japon, 1927-1938; journaux personnels d'Annie Jenkins décrivant des voyages et des activités quotidiennes, 1908-1940; carnets de notes rédigées par Frank et Annie Jenkins pendant leurs voyages; souvenirs, dont un livre de recettes, v. 1850, et des livres de rendez-vous.

JOSEPH, Abraham (1815-1886)   MG 24, I 61

Fanny David Joseph est née dans une grande famille juive de Montréal au milieu du XIXᵉ siècle. Son père, Abraham Joseph, était un important homme d'affaires.

Originaux, 1834-1883, 17 cm; microfilm, 1834-1883, 4 bobines M-185, M-186, M-200, M-805; photocopies, 1837, 1936-1937, 56 pages; transcriptions, 1864, 1930, 1971, 15 pages. Instrument de recherche 259.

Extraits des journaux intimes et des mémoires de Fanny Joseph, 1871-1879, transcrits de sa main en 1886, décrivant la vie familiale et sociale à Montréal; extraits d'un carnet de souvenirs d'enfance de Fanny Joseph, racontant les querelles familiales et la difficulté de trouver un mari de la même religion, 1882-1883; journal intime avec notes inspirées de souvenirs, de prières et de conférences sur des thèmes religieux, 1876-1883.

KITAGAWA, Muriel (1912-1974)   MG 31, E 26

Muriel Kitagawa (née Fujiwara) est née à Vancouver. Elle a étudié un an à l'Université de la Colombie-Britannique, puis a travaillé pour son père qui était dentiste. Elle a été évacuée de la « zone protégée » de la Colombie-Britannique pendant la Deuxième Guerre mondiale et s'est réinstallée à Toronto où, à l'intérieur de son travail pour divers comités de la Japanese Canadian Citizens' Association, elle a pris part à la campagne de défense des droits civils des Canadiens et Canadiennes d'origine japonaise.

Originaux, s.d., 1931, 1935-1959, 16, 5 cm; photocopies, 1941-1942, 2 cm.

Documents relatifs à la réinstallation de Muriel Kitawaga et à ses activités en faveur des droits civils des Canadiens et Canadiennes d'origine japonaise, comprenant de la correspondance familiale écrite pendant l'évacuation, 1938-1942; documents de voyage de la British Columbia Security Commission et documents relatifs au rapatriement de Mme T. Fujiwara du Japon au Canada, 1942-1948; articles sur l'évacuation des Japonais et leur réinstallation; procès-verbaux, soumissions et rapports de la Japanese Canadian Citizens' Association; correspondance, notes et documents préparatoires pour le National Citizenship Seminar, 1958; notes et dépliants divers.

KITTREDGE, Belle (v. 1868-1959)   MG 29, C 114

Belle Kittredge est née à Strathroy (Ontario) et, dans les années 1890, elle a travaillé à Port Arthur dans le cabinet d'avocat de son oncle, Frank Keefer. Par la suite, elle a obtenu une maîtrise ès arts de l'Université de Toronto, a étudié à l'École normale, puis a enseigné au jardin d'enfants.

Originaux, 1891-1892, 1 cm.

Journal intime de Belle Kittredge décrivant sa vie sociale à Port Arthur au cours de l'hiver et du printemps 1891-1892. Elle y parle des sports, des fêtes de Noël, des activités religieuses, de son rôle dans un concert militaire et d'un débat au cours duquel elle a pris la parole en faveur des femmes de carrière.

KYSILEWSKA, Olena (1869-1956)   MG 31, H 42

Olena Kysilewska (née Simenovych) est née en Ukraine occidentale. Elle est entrée dans la première organisation de femmes ukrainiennes, fondée par Natalia Kobrynska, en 1884. Elle a écrit des livres et des articles, et publié deux journaux féminins : *Zinocha Dolia* (Destin de femme), premier hebdomadaire pour les Ukrainiennes avec une section spéciale pour les Canadiennes d'origine ukrainienne, et un mensuel, *Zinocha Volia* (Volonté des femmes). De 1928 à 1935, elle a été membre du Sénat polonais. Elle a passé la plus grande partie de la Deuxième Guerre mondiale dans des camps pour personnes déplacées en Europe de l'Ouest et a émigré au Canada en 1948. Elle a été la première présidente de la World Federation of Ukrainian Women's Organizations, de 1948 jusqu'à sa mort en 1956.

Originaux, 1885-1976, 3,93 m. Instrument de recherche 1516.

Documents sur le mouvement des femmes ukrainiennes; documents personnels; documents biographiques; journaux intimes, 1884-1886, 1939-1953, et mémoires; carnets de notes et coupures de presse;

manuscrits, notes et brouillons d'articles; discours; notes biographiques sur des contemporaines telles que Natalia Kobrynska; textes d'émissions radiophoniques; correspondance personnelle; correspondance avec des organisations telles que l'Ukrainian Catholic Women's League, l'Ukrainian Women's Organization, l'Union of Ukrainian Women in Emigration et la World Federation of Ukrainian Women's Organizations; circulaires et programmes divers; coupures de presse; publications, dont plusieurs collections de périodiques ukrainiens féminins.

LaMARSH, Judy (Julia Verlyn) (1924-1980)   MG 32, B 8

Judy LaMarsch est née à Chatham (Ontario). Pendant la Deuxième Guerre mondiale, elle a dirigé la Tactics and Strategy Intelligence Team à la Section de recherche militaire du Pacifique. Après la guerre, elle a étudié à l'Université de Toronto et à Osgoode Hall, puis est entrée dans le cabinet d'avocat de son père en 1950. Elle a été élue députée de Niagara en 1960, 1962, 1963 et 1965, et a occupé les fonctions de ministre de la Santé nationale et du Bien-être social de 1963 à 1965. Pendant son mandat de secrétaire d'État (1965-1968), elle a institué la Commission royale d'enquête sur la situation de la femme au Canada. Elle s'est retirée de la scène politique en 1968 et a travaillé comme professeure de droit et chroniqueuse politique dans les journaux et à la radio, et a écrit sa biographie politique et plusieurs romans à caractère politique.

Originaux, 1915-1980, 6,15 m; microfilm, 1963-1968, 5 bobines, M-2515 à M-2519. Instrument de recherche 1301.

Notes biographiques et coupures de presse relatives à des questions familiales et aux expériences de J. LaMarsh dans les milieux militaire et juridique; correspondance, mémoires, rapports, procès-verbaux, dossiers-matière et autres documents relatifs à sa carrière politique; brouillons, dossiers d'organisation et comptes rendus de ses livres, *Memoirs of a Bird in a Gilded Cage* (v. 1969) et *A Very Political Lady* (v. 1979); correspondance et mémoires relatifs à sa carrière après son retrait de la scène politique, incluant des documents sur des questions, des manifestations et des publications féministes.

LAPP, Eula (1905-1991)   MG 30, C 195
et LAPP, révérend Gordon (né en 1904)

Eula Lapp (née Carscallen) est née à Red Deer (Alberta). Avant son mariage en 1930, elle s'est consacrée à l'enseignement. Son mari, Gordon Lapp, est devenu ministre de l'Église Unie en 1937, et il a exercé son ministère en Ontario et en Alberta. Eula Lapp a participé activement à des organismes pour les jeunes et les femmes; elle a été membre du National Girls' Work Board (NGWB) et s'est occupée de groupes des Canadian Girls in Training (CGIT). Les Lapp ont donné des conférences et des cours d'enseignement religieux, dirigé des camps d'été pour les jeunes et écrit des articles pour des publications religieuses. Eula Lapp a été membre de la Canadian Authors' Association (CAA) et est l'auteure d'une biographie de sa tante, Hulda May Carscallen, *China Was My University* (1980).

Originaux, 1910, 1912-1987, 1,58 m. Instrument de recherche 1329.

Documents témoignant de l'engagement d'Eula Lapp dans l'Église Unie, le NGWB, les CGIT et la CAA, comprenant des journaux intimes, des albums, des documents relatifs aux CGIT et des documents sur le NGWB et ses sections de Toronto et de l'Alberta; dossiers généraux renfermant des discours, des conférences et des articles d'Eula Lapp, des documents relatifs aux United Church Women et aux deux organisations qui l'ont précédé, soit la Women's Association of the United Church of Canada et la Woman's Missionary Society, et le journal intime d'Eula Lapp « Tales of a tired Teacher », 1926-1928; documents relatifs à sa carrière d'écrivaine; correspondance personnelle; documentation sur Nellie McClung; notes sur les journaux intimes de Hulda May Carscallen.

LARNDER, Margaret Robinson   MG 31, J 24
(née en 1911)

Margaret Larnder (née Montgomery) est née à Winnipeg. Elle a étudié l'histoire et le français à l'Université du Manitoba, et a obtenu une bourse pour étudier à Paris (1932-1934). À son retour au Canada, elle a enseigné et est entrée à la fonction publique à Ottawa, en 1941. Après la Deuxième Guerre mondiale, elle a étudié la géographie (avec spécialisation en géographie de l'Arctique) à l'Université McGill de Montréal, puis a travaillé comme géographe, principalement pour le gouvernement canadien.

Originaux, s.d., 1885, 1932-1975, 0,8 m. Instrument de recherche 1767.

Lettres envoyées de Paris par M. Larnder à ses parents, renseignant sur ses études et sa vie personnelle, 1932-1934, et importante correspondance avec ses parents, 1937-1966; autre correspondance personnelle; documents relatifs à la thèse de M. Larnder sur le Labrador, à son travail de géographe et à l'histoire de l'hydrographie canadienne et de l'exploration de l'Arctique.

LAWRENCE, Louise de Kiriline (née en 1894?)   MG 31, J 18

Louise de Kiriline Lawrence (née Flach) est née en Suède. Pendant la Première Guerre mondiale, elle s'est enrôlée comme infirmière de la Croix-Rouge dans un camp d'échange de prisonniers de guerre au Danemark, où elle a rencontré et épousé un officier russe blessé, G.N. Kiriline, qui a disparu dans l'effondrement de l'armée blanche. Après l'avoir cherché pendant quatre ans en Russie soviétique, Louise de Kiriline a émigré au Canada. Elle s'est fait un nom en écrivant des articles pour la revue *Chatelaine* sur son expérience d'infirmière des quintuplées Dionne. En 1939, elle a épousé Leonard Lawrence et s'est mise à étudier l'ornithologie, plus particulièrement les oiseaux du nord de l'Ontario.

Originaux, s.d., 1922-1986, 2,2 m. Instrument de recherche 1742.

Notes biographiques, documents juridiques et distinctions; correspondance avec entre autres, des particuliers, des éditeurs, des périodiques et des organismes; manuscrits sur des sujets généraux et sur l'ornithologie; études sur la faune et notes ornithologiques; articles sur Louise de Kiriline Lawrence; coupures de presse; périodiques.

LUCAS, Louise (1885-1945)   MG 27, III D 6

Louise Lucas est surtout connue comme étant à l'origine de la création de la Co-operative Commonwealth Federation (CCF) en Saskatchewan. Elle a été organisatrice de la section de la Saskatchewan des Fermiers unis du Canada (FUC), et directrice et présidente de la section féminine des FUC. Elle s'est présentée sans succès aux élections fédérales à Battleford en 1935, puis à Melville en 1940. De nouveau candidate en 1944, elle a dû se retirer pour des raisons de santé.

Originaux, 1928-1948, 30 cm.

Correspondance, notes, mémoires et autres documents relatifs aux FUC; rapports, listes, correspondance, notes et coupures de presse sur le Conseil provincial des femmes; correspondance et imprimés relatifs aux commissions scolaires; documentation sur des régimes de santé publique; correspondance, listes, rapports et autres documents relatifs à la CCF et à son mouvement des jeunes; documents biographiques comprenant une version dactylographiée de *The Louise Lucas Story, This Time Tomorrow* (1965), une biographie écrite par Jim Wright d'après les souvenirs de Louise Lucas.

Madge MacBeth (née Lyons) est née aux États-Unis et a fait ses études au Hellmuth College de London (Ontario). En 1901, elle s'est mariée et est venue s'installer à Ottawa. Devenue veuve après quelques années, elle a subvenu aux besoins de sa famille en écrivant des romans et des articles pour différents périodiques. Elle a présenté une satire des rôles sexuels traditionnels dans *Shackles* (1926), le portrait d'une maîtresse de maison confinée dans son rôle domestique, et *The Patterson Limit* (1923), un roman décrivant les aventures romanesques d'une garde forestière. Elle a été présidente de la Ottawa Drama League, de la Canadian Authors' Association et de la section d'Ottawa du Canadian Women's Press Club.

Originaux, s.d., 1889-1955, 1,3 m. Instrument de recherche 367.

Correspondance; dossiers-matière portant principalement sur des publications et des questions financières; manuscrits de romans, de nouvelles, de scénarios et d'essais; albums contenant des coupures de presse, de la correspondance, des programmes et d'autres documents, 1899-1945; coupures de presse; journal de voyage, 1933; journal intime, 1938-1945.

MacDONALD, Flora Isabel (née en 1926)   MG 32, B 26

Flora Isabel MacDonald est née en Nouvelle-Écosse. Elle a étudié au Empire Business College et au National Defence College , où elle a été la première femme à recevoir un diplôme en études canadiennes et internationales. Elle a été conseillère pour la Commission royale d'enquête sur la situation de la femme, secrétaire générale de l'administration nationale du Parti conservateur, de 1961 à 1966, et agente d'administration et directrice des études au département de sciences politiques de l'Université Queen's, de 1966 à 1971. En 1972, elle a été élue députée du Parti conservateur pour Kingston et les Îles, puis a été réélue en 1974, 1979, 1980 et 1984. En 1976, elle a été la seule femme candidate à la direction du Parti conservateur. Elle a été nommée secrétaire d'État aux Affaires extérieures en 1979, ministre de l'Emploi et de l'Immigration en 1984, et ministre des Communications en 1986. Elle s'est retirée de la politique en 1988.

Originaux, 1952-1980, 20,42 m. (En cours de traitement)

Correspondance personnelle, journaux intimes, mémoires, notes et souvenirs témoignant des diverses carrières de F. MacDonald, comprenant des documents sur sa campagne à la direction du Parti conservateur, son mandat de ministre des Affaires extérieures, la Elizabeth Fry Society, le Committee for an Independent Canada, le département de sciences politiques de l'Université Queen's et le National Defence College de Kingston.

MacDONALD, Margaret Clotilde (1879-1948)   MG 30, E 45

Pendant la Première Guerre mondiale, Margaret C. Macdonald a été infirmière en chef dans les Forces armées canadiennes en Europe. Après la guerre, elle a entrepris des recherches en vue de la rédaction de l'histoire officielle des soins infirmiers dans l'armée canadienne, mais a pris sa retraite avant de terminer ce travail.

Originaux, 1916-1953, 10 cm.

Notes, mémoires, articles, récits, correspondance et extraits de journaux personnels écrits pendant la guerre, rassemblés en vue de la rédaction de l'histoire officielle des soins infirmiers dans l'armée canadienne, incluant des lettres, 1923, relatives au rôle des infirmières pendant la rébellion du Nord-Ouest en 1885.

MacEWAN, Elizabeth (connue 1904-1955)   MG 31, H 7

Elizabeth MacEwan s'est installée à Cobalt (Ontario) en 1904 avec son mari, Peter MacEwan, prospecteur pendant la découverte d'argent. Elle a été la première institutrice de cette ville minière.

Originaux, 1955, 38 pages.

Récit de E. MacEwan, intitulé « Early Days in Cobalt », préparé pour les University Women's Clubs of Northern Ontario, décrivant la ville et ses habitants à l'époque de la découverte d'argent.

MacGILL, Elsie Gregory (1905-1980)   MG 31, K 7

Elsie Gregory MacGill était la fille de l'une des premières féministes, la juge Helen Gregory MacGill. Elle a été la première femme à obtenir un baccalauréat ès sciences (génie électrique) à l'Université de Toronto et la première femme diplômée en génie aéronautique de l'Université du Michigan. Son travail d'ingénieure en aéronautique lui a valu de nombreux prix et distinctions et elle a ouvert son propre cabinet d'ingénieure-conseil en 1943. Elle a aussi été présidente des Clubs des femmes de carrières libérales et commerciales de l'Ontario et commissaire de la Commission royale d'enquête sur la situation de la femme. Elle a écrit *My Mother the Judge : A biography of Helen Gregory MacGill* (1955).

Originaux, s.d., 1911-1983, 5,2 m. Insrument de recherche 1462.

Rapports, mémoires, série complète de procès-verbaux annotés et autres documents relatifs à la Commission royale d'enquête sur la situation de la femme; mémoires, procès-verbaux, bulletins et correspondance des sections internationale, nationale, provinciales et locales des clubs de femmes de carrières libérales et commerciales; rapports annuels et documents de travail du Conseil consultatif sur la situation de la femme, 1971-1980; rapports annuels, mémoires et publications du Comité d'action nationale sur la situation de la femme; documents relatifs au génie aéronautique et au génie en général; correspondance familiale, journaux intimes et carnets de rendez-vous; correspondance, notes et comptes rendus sur *My Mother the Judge*; dossiers-matière; renseignements biographiques.

MACHIN, Annie (connue 1873-1899)   MG 29, C 105

Née à Sherbrooke (Québec), Annie Machin a été élevée à Québec et a fait ses études en Angleterre. Elle a reçu sa formation d'infirmière à l'Hôpital St. Thomas de Londres (Angleterre). Elle a été directrice de l'Hôpital général de Montréal d'octobre 1875 à juin 1878, puis a démissionné à la suite de conflits avec le comité hospitalier. De 1878 à 1881, elle a été directrice de l'Hôpital St. Bartholomew à Londres, puis a fondé un hôpital à Bloemfontein (Afrique du Sud). Elle a été infirmière à Kimberley pendant la guerre des Boers en Afrique du Sud et y a demeuré jusqu'à sa mort.

Microfilm, 1873-1879, bobine A-1027.

Lettres de Florence Nightingale à Annie Machin, traitant des problèmes de l'Hôpital général de Montréal, des aptitudes des infirmières venues de l'Hôpital St. Thomas, de la formation et du travail par relais des infirmières, ainsi que du retour d'A. Machin en Angleterre; autres documents.

MacINNIS, Grace (1905-1991)   MG 32, C 12

Grace MacInnis a d'abord travaillé pour son père, J.S. Woodsworth, fondateur et chef de la Co-operative Commonwealth Federation (CCF), et a été correspondante parlementaire pour un groupe d'hebdomadaires avant de devenir membre de l'Assemblée législative de la Colombie-Britannique (1941-1945). En 1965, 1968 et 1972, elle a été élue députée pour le Nouveau Parti Démocratique (NPD) pour Vancouver-Kingsway. Elle a été critique du NPD pour les questions de consommation, membre du Comité permanent sur la santé, le bien-être et les affaires sociales, et du Comité spécial des prix des denrées alimentaires. Dans les années 1960, elle a joué un rôle important dans le débat sur l'avortement. Elle a occupé des postes de direction à la CCF et au NPD, et est l'auteure d'un livre intitulé *J.S. Woodworth, A Man to Remember* (1953).

Originaux, 1910, 1918, 1928-1951, 1967-1977, 4,6 m. Instrument de recherche 1051.

Dossiers-matière comprenant de la correspondance, des discours et d'autres documents relatifs à des questions de consommation, à des lois sociales et à des questions féminines, telles que l'avortement, le contrôle des naissances, la garde des enfants et la Commission royale d'enquête sur la situation de la femme; dossiers parlementaires contenant des extraits annotés des *Débats de la Chambre des communes*, des résolutions, des propositions et des questions relatives à la carrière parlementaire de G. MacInnis; discours, correspondance et autres documents concernant sa vie personnelle et politique; coupures de presse et albums.

MacLELLAN, Margaret (décédée en 1973)   MG 31, E 17

Margaret MacLellan a été fonctionnaire à Ottawa de 1931 à 1964. Membre fondateur du Comité canadien sur la situation de la femme (CCSF) et de la section d'Ottawa de la Elizabeth Fry Society, elle a été présidente de la Fédération canadienne des femmes diplômées des universités de 1961 à 1964, vice-présidente du Conseil national des femmes du Canada de 1964 à 1967, et a participé en 1970 au Comité national spécial sur la situation de la femme. Elle a préparé un rapport pour la Commission royale d'enquête sur la situation de la femme, « The History of Women's Rights in Canada ».

Originaux, 1901-1972, 2,2 m. Instrument de recherche 513.

Dossiers-matière contenant de la correspondance, des notes, des discours, des coupures de presse, des imprimés, des mémoires et des soumissions relatifs à des affaires personnelles, à de nombreuses questions féminines et à des organismes tels que la Fédération canadienne des femmes diplômées des universités, le Conseil national des femmes du Canada, la Elizabeth Fry Society et le CCSF.

MacNAB, sir Allan Napier (1798-1862)   MG 24, B 17

Sophia MacNab (née en 1832) était la fille de Marie Stewart de Brockville (Ontario) et de sir Allan Napier MacNab, personnalité politique du Haut-Canada. En 1855, elle a épousé William Keppel, vicomte Bury.

Originaux, s.d., 1839-1846, 8 pages; photocopies, 1832, 1854, 21 pages; microfilm, 1815-1884, 2 bobines, A-22 et A-305. Instrument de recherche 102.

Journal intime de Sophia MacNab de janvier à juillet 1846, qui traite de sa vie familiale à Hamilton, de la maladie et de la mort de sa mère, et de ses voyages à Montréal et à Québec; album relatif aux voyages du vicomte Bury au Canada, 1883-1884, avec Sophia (MacNab) Keppel et leurs deux filles (Theodora et Hilda, qui ont constitué l'album). Le journal intime a été publié par C.A. Carter et T.M. Bailey (Hamilton, 1968) sous le titre *The Diary of Sophia MacNab*.

MacPHAIL, Agnes Campbell (1890-1954)   MG 27, III C 4

Institutrice dans une école de campagne, Agnes Macphail s'est fait connaître par sa participation dans l'Ontario Agricultural Cooperative Movement et les Fermiers unis du Canada avant d'entrer en politique. En 1921, elle est devenue la première femme à être élue à la Chambre des communes. Elle est demeurée au Parlement jusqu'en 1940, d'abord comme membre du Parti progressiste, puis comme députée indépendante. Elle a représenté la Co-operative Commonwealth Federation à l'Assemblée législative de l'Ontario, de 1943 à 1945 et de 1948 à 1951. Elle s'est intéressée aux questions féminines et aux problèmes ruraux, et a contribué à l'adoption de la première loi ontarienne sur l'égalité des salaires (1951). Elle a fondé la Elizabeth Fry Society du Canada et a été membre de la Women's International League for Peace and Freedom.

Originaux, 1921-1945, 1,02 m. Instrument de recherche 107.

Correspondance générale comprenant des lettres de Nellie McClung, Cairine Wilson, Dorise W. Nielsen et Thérèse Casgrain; dossiers-matière renfermant des mémoires, des coupures de presse, des dépliants et des notes; lettres à la presse, incluant des rapports hebdomadaires à ses électeurs; coupures de presse relatives à A. Macphail; manuscrits et notes, y compris des discours sur le rôle des femmes dans la société; articles divers.

MALLETT, Jane (1899-1984)   MG 30, D 210

Jane Mallett (née Keenleyside) est née à London (Ontario). Au début de sa carrière, elle était connue sous son nom de jeune fille et sous un nom de scène, Aldworth. Elle a fait ses débuts dans une troupe torontoise à l'Empire Theatre et, à partir de 1934, a joué dans une série de revues telles que *Town Tonics*, *Fine Frenzy* et *Spring Thaw*. Elle s'est également produite dans de nombreuses représentations à la radio et à la télévision. Elle a été fondatrice et présidente du Actors' Fund of Canada.

Originaux, 1916-1979, 55 cm. Instrument de recherche 206.

Correspondance, 1928-1953; dossiers-matière renfermant des programmes, des documents publicitaires, des scénarios et des coupures de presse; notes biographiques écrites de la main de J. Mallett et coupures de presse biographiques; autres documents.

MANN, Marjorie (née en 1909)   MG 32, G 12

Marjorie Mann est née à Toronto et a enseigné à Windsor avant de se marier et de déménager à Ottawa, où elle a été présidente de la section locale de la Young Women's Christian Association (1945-1947). Elle a participé à la formation du comité ontarien féminin de la Co-operative Commonwealth Federation (CCF) et en est devenue présidente (1947-1950). En 1950, elle est retournée à l'enseignement et est devenue directrice du département d'anglais au Conseil scolaire d'Ottawa. De 1962 à 1967, elle a été présidente du comité fédéral féminin du Nouveau Parti démocratique (NPD) et, pendant les années 1970, a travaillé pour les personnes âgées.

Originaux, 1934-1981, 90 cm. Instrument de recherche 1327.

Correspondance, procès-verbaux, ordres du jour, questionnaires et rapports relatifs aux comités féminins national et ontarien de la CCF, au comité fédéral féminin du NPD et à divers comités féminins provinciaux et locaux du NPD; correspondance, documents de travail, publications et manuscrits relatifs à la CCF et au NPD; correspondance personnelle et publications diverses illustrant les activités de Marjorie Mann; autres documents.

MANSFIELD, Lempi Dagmar (née en 1904)   MG 31, H 95

Lempi Dagmar Mansfield (née Klinga) était originaire de Finlande. En 1913, elle a immigré dans le nord de l'Ontario avec sa famille. Son père, Nestor Klinga, a été actif dans des organismes socialistes et coopératifs finno-canadiens. Lempi Mansfield était engagée au niveau d'une plus grande collectivité, travaillant avec les Daughters of the Eastern Star et la South Porcupine Consumers Co-op Credit Union. Elle est l'auteure d'une autobiographie, *Aim for the Broom*.

Originaux, 1909-1981, 20 cm. Instrument de recherche 1358.

Documents renseignant sur l'adaptation de la première génération d'une famille d'immigrants au Canada, comprenant de la correspondance, des journaux intimes, 1917-1918, 1927, 1932-1933, 1940-1949, des albums, des coupures de presse et des imprimés, tels que des programmes, des périodiques, des partitions musicales et des livres; manuscrit dactylographié et corrigé de l'autobiographie de L. Mansfield.

MARIE DE L'INCARNATION (née Marie Guyart)   MG 18, E 28
(1599-1672)

Marie Guyart, veuve de Claude Martin, est entrée chez les Ursulines de Tours et a pris le nom de Marie de l'Incarnation. Elle est arrivée à Québec en 1639 et y a établi un couvent pour l'éducation des jeunes filles amérindiennes et françaises. Ses lettres constituent une source précieuse pour l'étude de notre histoire pour la période 1645-1672.

Transcriptions, 1645-1672, 417 pages.

« Lettres morales et édifiantes de Marie de l'Incarnation, supérieure des Ursulines au Canada (Amérique) ». Disponible également sur microfilm, bobine C-1719.

MAUFFETTE, Guy, collection (né en 1915)   MG 30, D 347

Estelle Mauffette (1904-1984) est née à Montréal dans une famille d'artistes. Guy Mauffette, son frère, était comédien, animateur et réalisateur à Radio-Canada. Après avoir étudié l'art dramatique, elle a enseigné la diction et est devenue comédienne. Elle s'est fait connaître par ses récitals de poésie et son travail à la radio, plus particulièrement par son interprétation du rôle de Donalda dans *Un homme et son péché*. Au théâtre, elle a joué avec des artistes de renom, tels qu'Ethel Barrymore et Adolphe Menjou.

Originaux, s.d., 1882-1986, 5,17 m. Instrument de recherche 1741.

Les documents d'Estelle Mauffette se composent, entre autres, de correspondance, 1903-1984; de textes de divers rôles, dont des rôles interprétés à la radio; de dossiers-matière contenant des poèmes, des journaux de voyage en Europe, des agendas, des journaux personnels et des travaux scolaires; de programmes divers; de documents familiaux et de coupures de presse.

McFADDEN, Lizzie (connue 1879)   MG 29, C 25

Au cours de l'été 1879, Lizzie McFadden a voyagé avec ses parents de Winnipeg (Manitoba) à Prince Albert (Territoires du Nord-Ouest) en charrette à bœufs.

Originaux, 1879, 38 pages.

Journal écrit par L. McFadden, du 3 juillet au 26 août 1879, pendant son voyage de Winnipeg à Prince Albert, décrivant les autres colons, les Amérindiens, les conditions de voyage, les difficultés avec les bœufs et les problèmes à trouver et à préparer de la nourriture.

MERRIL, Judith (née en 1923)   MG 30, D 326

Judith Merril (née Grossman) est née à New York. Elle a fait partie de cercles d'amateurs de science-fiction et, en 1948, a publié sa première nouvelle *That Only a Mother*. Entre 1950 et 1968, elle a publié 19 anthologies de science-fiction et écrit deux romans, *Shadow on the Hearth* (1950) et *The Tomorrow People* (1963). En 1968, elle a émigré au Canada, s'est engagée dans le mouvement contre la guerre du Vietnam et a participé à de nombreux congrès sur la science-fiction, la futurologie et les changements sociaux. Elle a écrit pour la radio et la télévision, enseigné la création littéraire, publié des recueils de nouvelles et édité une anthologie de textes canadiens de science-fiction, intitulée *Tesseracts* (1986).

Originaux, 1922-1984, 15,4 m. Instrument de recherche 1651.

Documents reflétant l'intérêt de J. Merril pour la science-fiction et son engagement dans des associations pacifistes, féministes et futuristes, comprenant de la correspondance avec P.K. Page, Katherine Govier, Joy Kogawa, Penney Kome, Helen Lucas, Adele Wiseman et Susan Wood; de la correspondance personnelle et familiale; des dossiers de journalisme; des dossiers d'enseignement; des documents de recherche sur le Japon et la Corée et des dossiers-matière.

MONK, James (v. 1707-1768) et famille   MG 23, G II 19

Les membres de la famille Monk ont occupé des postes juridiques et politiques importants en Nouvelle-Écosse et dans le Bas-Canada du milieu du XVIIIe au milieu du XIXe siècle.

Originaux, 1735-1936, 1,06 m. Instrument de recherche 286.

Correspondance, journaux personnels, poèmes et autres documents reflétant les intérêts et les activités de plusieurs femmes de la famille Monk, entre autres Elizabeth Adams Monk, 1784, Elizabeth Gould Monk et sa nièce Sarah, 1785, Anne Amelia Gugy Monk, 1824-1834, Rosalie Caroline Debartzch Monk, 1836-1848, Elizabeth Ann Monk Aubrey, 1800-1843, Georgiana Henriette Monk et Jane Pangman Monk. Une grande partie de ce fonds est également disponible sur microfilm, bobines C-1451 à C-1453 et C-1463.

MOODIE, Susanna (1803-1885)   MG 29, D 100

Susanna Moodie avait déjà commencé sa carrière littéraire en
Angleterre lorsqu'elle a émigré au Canada avec son mari, en 1832. Elle
a écrit un récit sur la vie des pionniers, *Roughing It in the Bush* (1852),
et la suite, *Life in the Clearings* (1853), ainsi que plusieurs romans
sentimentaux. Son frère, Samuel Strickland, et sa sœur, la naturaliste
Catharine Parr Traill, ont également eu des carrières littéraires au
Canada.

Originaux, s.d., 1828-1871, 10 cm; microfilm, s.d., 1830-1871, 2
bobines, A-1182 et A-1411.

Manuscrits de trois poèmes et de deux nouvelles de S. Moodie; correspondance et coupures de presse; exemplaire de *Roughing It in the
Bush*; autres documents relatifs aux écrits de S. Moodie.

MORGAN, Martha (connue 1892-1893)   MG 29, C 85

Martha Morgan était une jeune domestique en Angleterre. En 1892,
une de ses amies, Martha Pritchard, a été embauchée par la famille de
James Humphry à Cannington Manor (Territoires du Nord-Ouest). M.
Pritchard y a travaillé du 13 mai 1892 jusqu'à son départ pour l'État
de New York à l'automne 1893.

Originaux, 1892-1893, 2,5 cm.

Neuf lettres de M. Pritchard à M. Morgan racontant sa vie de domestique à Cannington Manor, comparant son travail à celui d'emplois
précédents et décrivant la famille et la collectivité. Disponible aussi
sur microfilm, bobine H-1229.

MORTON, John (1839-1912) et Sarah   MG 30, D 89

Sarah Ether Morton (née Silver) est née à Halifax (Nouvelle-Écosse).
En 1868, elle a accompagné son mari, le ministre presbytérien John
Morton, à Trinidad dans les Antilles pour fonder une mission et y a
élevé quatre enfants. En 1889, elle a ouvert un foyer pour filles à
Tarapur en Inde. Ses rapports sur son travail à la mission ont été
publiés dans le *Maritime Presbyterian*.

Microfilm, 1856-1912, 2 bobines, M-1905 et M-1906.

Albums, 1863-1912, et lettres de Sarah Morton sur des questions
domestiques et le travail de missionnaire.

MURRAY, Joan (née en 1943)   MG 31, D 142

Joan Murray a obtenu une maîtrise ès arts en art canadien de
l'Université de Toronto et une autre en art contemporain de
l'Université Columbia de New York. Depuis 1974, elle est directrice
de la Robert McLaughlin Gallery d'Oshawa (Ontario), donne des
conférences et organise des expositions d'artistes canadiens.

Originaux, s.d., 1972-1985, 30 cm.

Transcriptions d'entrevues avec des artistes et d'autres personnes
œuvrant dans le domaine de l'art canadien, telles que Molly Bobak,
Paraskeva Clark, Isabel McLaughlin, Mary Pratt, Marian Scott et Joyce
Weiland; catalogues d'expositions; correspondance personnelle.

NIELSEN, Dorise Winifred (1902-1980)   MG 27, III C 30

Dorise Nielsen (née Webber) a émigré de Londres (Angleterre) en 1927
et, avant son mariage avec Peter Olesen Nielsen, fermier et
propriétaire d'un domaine agricole, a été institutrice en Saskatchewan. Elle s'est intéressée activement à la politique agricole et,
en 1937, a été élue au conseil provincial de la Co-operative Commonwealth Federation. Aux élections fédérales de 1940, elle a été élue dans
la circonscription de Battleford Nord (Saskatchewan) comme députée
du Parti progressiste uni ou Parti « unité », et elle s'est fait connaître
comme porte-parole du Parti communiste du Canada. En 1944, elle a
publié *New Worlds for Women*, qui traitait de la main-d'œuvre
féminine. Après sa défaite en 1945, elle a continué à travailler pour le
Parti communiste du Canada. En 1957, elle a émigré en Chine où elle
a travaillé jusqu'à sa mort, en 1980, comme enseignante et rédactrice.

Originaux, s.d., 1938-1977, 35 cm. Instrument de recherche 1404.

Souvenirs de jeunesse de D. Nielsen; correspondance, mémoires,
coupures de presse, éphémérides, notes biographiques et autres, 1938-
1976; journaux politiques et de voyage se rapportant surtout à la
Chine.

OSTRY, Sylvia (née en 1927)   MG 31, E 34

Après l'obtention d'un doctorat de l'Université McGill de Montréal en
1954, Sylvia Ostry (née Knelman) a enseigné l'économie du travail et
de la main-d'œuvre dans quatre universités canadiennes. Elle a
occupé plusieurs postes clés dans les domaines de l'économie et du
commerce international, dont ceux de directrice du Conseil
économique du Canada (1969); statisticienne en chef du Canada
(1972); sous-ministre de la Consommation et des Corporations (1975);

présidente du Conseil économique du Canada (1978); et, pour le ministère des Affaires extérieures, sous-ministre du Commerce international, coordonnatrice des relations économiques internationales (1984) et ambassadrice pour les négociations commerciales multilatérales (1985). Elle est coauteure de *Labour Economics in Canada* (1979) et a beaucoup publié sur des questions empiriques et des analyses politiques.

Originaux, v. 1969-1979, 6 m.

Discours, articles, dossiers de congrès, dossiers-matière et correspondance témoignant du travail de S. Ostry au ministère de la Consommation et des Corporations, à Statistique Canada et au Conseil économique du Canada.

PAGE, Patricia Kathleen (née en 1916)   MG 30, D 311

Originaire d'Angleterre, Patricia Kathleen Page a été élevée en Alberta. Au début des années 1940, elle s'est installée à Montréal et est devenue membre du groupe d'écrivaines et d'écrivains associés à la revue littéraire *Preview*. Elle a travaillé comme scénariste pour l'Office national du film et a accompagné son mari, W.A. Irwin, dans ses postes diplomatiques avant de s'installer à Victoria en Colombie-Britannique, en 1964. Elle a publié six recueils de poésie, dont un a remporté le Prix du Gouverneur général. En 1987, *Brazilian Journal*, extraits du journal qu'elle a tenu pendant son séjour au Brésil, figurait sur la liste des œuvres sélectionnées pour un autre Prix du Gouverneur général. P.K. Page est également une artiste peintre bien connue sous le nom de P.K. Irwin.

Originaux, 1877-1983, 3,82 m. Instrument de recherche 1655.

Brouillons et exemplaires de poèmes publiés ou inédits de P.K. Page, d'écrits critiques et autobiographiques, de textes de fiction, de scénarios et de pièces de théâtre; manuscrits de collègues littéraires; correspondance d'écrivains et écrivaines, d'artistes, de connaissances et d'amis; dossiers-matière renfermant de la documentation sur la publication des poèmes de P.K. Page, l'exposition et la vente de ses peintures et dessins, ses lectures d'œuvres et son enseignement, des études sur son œuvre et des organismes avec lesquels elle a été en relation; documents personnels et familiaux.

PAPINEAU, famille   MG 24, B 2

Julie Bruneau était la fille de Pierre Bruneau, marchand et député à Québec. En 1818, elle a épousé Louis-Joseph Papineau, avocat et seigneur, qui est devenu un fervent leader nationaliste du Bas-

Canada. Ils ont eu cinq enfants. Après 1839, Julie Papineau a accompagné son mari dans son exil politique en France, mais est revenue sans lui en 1843. Sur ses instances, il l'a rejointe deux ans plus tard. Leur fils aîné, Louis-Joseph-Amédée (1819-1903) a épousé Mary Eleanor Westcott (1823-1890).

Originaux, 1600-1915, 2,64 m; transcriptions, 1542-1915, 40 cm; photocopies, 1805-1915, 16 cm. Instrument de recherche 292.

Papiers et correspondance de Julie Bruneau et d'autres femmes de la famille Papineau; abondante correspondance entre Louis-Joseph Papineau et Julie Bruneau, 1820-1859, écrite surtout par L.-J. Papineau et traitant de questions familiales et personnelles, ainsi que des préoccupations et de la carrière politique de L.-J. Papineau; journal personnel d'Amédée Papineau, v. 1837-1855, renseignant sur son mariage et sa relation avec Mary Eleanor Westcott Papineau. Tout le fonds est également disponible sur microfilm, bobines C-14025 et C-15788 à C-15799.

PARENT, Madeleine (née en 1918) et   MG 31, B 19
R. Kent Rowley (1918-1978)

Madeleine Parent est née à Montréal et a obtenu un diplôme de l'Université McGill de Montréal en 1940. Pendant la Deuxième Guerre mondiale, elle a été membre des Ouvriers unis du textile d'Amérique (OUTA) et, avec R. Kent Rowley, elle s'est occupée de l'organisation syndicale des ouvriers et ouvrières du textile en Ontario, au Québec et dans les Maritimes. En 1946, des travailleuses et travailleurs dont ils s'étaient occupés sont sortis victorieux d'une grève contre la Dominion Textile. M. Parent a été accusée de conspiration séditieuse en 1947 et a été acquittée par la suite. En 1952, à la suite d'un conflit avec le bureau international des Ouvriers unis du textile d'Amérique, M. Parent et K. Rowley ont mis sur pied le Conseil canadien du textile. Ils se sont mariés en 1953. En 1969, ils ont participé à la formation du Conseil des syndicats canadiens.

Originaux, s.d., 1939-1975, 3,45 m. Instrument de recherche 1184.

Les archives retracent les activités de M. Parent et de K. Rowley dans l'OUTA et le Conseil canadien des textiles, et comprennent des dossiers juridiques, de la correspondance, des dossiers sur les syndicats locaux, des dossiers-matière, des dossiers de congrès, des publications et des chartes.

PARK, Frank (né en 1910) et   MG 31, K 9
Libbie (née en 1900)

Originaire de Montréal, Libbie Park (née Rutherford) a fait des études
d'infirmière en santé publique à l'Université de Toronto. Elle a ensuite
travaillé en Europe pour l'Administration des Nations Unies pour les
secours et la reconstruction. Après la Deuxième Guerre mondiale, elle
a été secrétaire de la Division de la santé du Toronto Welfare Council,
du Congress of Canadian Women et du Toronto Peace Council. En
1948, elle a épousé Francis W. Park. Leur voyage en Europe de l'Est et
en Union soviétique leur a inspiré un livre, *Moscow : As Two Canadians
Saw It* (1951), le premier d'une collaboration qui a donné, entre autres,
The Power and the Money (1958) et *Anatomy of Big Business* (1962). Les
Park se sont engagés activement dans des mouvements syndicalistes
et pacifistes au Canada. De 1959 à 1968, ils ont vécu en Amérique
latine et écrit pour Radio-La Havane. En 1978, Libbie Park a participé
à la rédaction de *Bethune: The Montreal Years, An Informal Portrait*.

Originaux, 1866, 1935-1978, 6 m. Instrument de recherche 1194.

Rapports de Libbie Park sur son travail pour l'Administration des
Nations Unies pour les secours et la reconstruction; documents relatifs
aux activités politiques des Park, y compris des documents de recherche et des manuscrits de leurs livres; dossiers sur des organisations
pour la paix, le syndicalisme et les libertés civiles, telles que le Congress of Canadian Women et la Fédération démocratique internationale des femmes.

PARTI LIBÉRAL DU CANADA   MG 28, IV 3

Le Parti libéral du Canada a été créé en novembre 1932 en tant que
fédération des partis libéraux provinciaux. Jusqu'en 1964, il s'est
appelé Fédération nationale libérale. La Fédération nationale des
femmes libérales du Canada (FNFL) a été créée lors de la première
assemblée nationale des femmes libérales, qui a eu lieu à Ottawa en
1928. En plus de poursuivre les objectifs politiques du parti, la
fédération visait à améliorer la situation de la femme et à accroître son
éducation politique. En novembre 1970, la fédération a été dissoute
lorsque les femmes ont été intégrées à la Fédération nationale libérale.

Originaux, s.d., 1878-1987, 257 m; microfilm, 1948-1971, bobine M-
2178. Instrument de recherche 655. (En cours de traitement)

Archives de la FNFL comprenant de la correspondance, des rapports,
des mémoires et des notes produits et reçus par les administrateurs et
administratrices du bureau national et les comités nationaux de direction; procès-verbaux de la section féminine; archives des réunions et

des congrès nationaux de la FNFL; archives relatives aux relations avec le Parti libéral du Canada et les associations provinciales de femmes libérales; dossiers produits par la FNFL pour les élections générales, incluant des documents de campagnes électorales à l'intention des femmes; dossiers de référence comprenant des publications de la FNFL. Le matériel en cours de traitement comprend des archives de la Commission nationale des femmes libérales des années 1970 et 1980, ainsi que les dossiers de la présidente du Parti libéral, Iona Campagnolo.

PARTI PROGRESSISTE CONSERVATEUR DU CANADA   MG 28, IV 2

Le Parti conservateur national a vu le jour en 1854 en tant que coalition de libéraux et de conservateurs modérés. Lors de la création de la Confédération, les partis conservateurs des provinces maritimes se sont joints au parti national qui, à son congrès de Winnipeg en 1942, a changé son nom pour celui de Parti progressiste conservateur du Canada. Les femmes ont joué un rôle actif dans les affaires de ce parti par voie de l'Association des femmes progressistes conservatrices, du Comité consultatif national sur la femme et du Bureau de la main-d'œuvre féminine.

Originaux, 1854-1987, 444,64 m. Instrument de recherche 138. (En cours de traitement)

Rapports, correspondance, procès-verbaux et bulletins ayant trait au comité exécutif et aux autres comités de la section féminine du parti, 1936-1966. Classement par matières en ordre alphabétique. Parmi les documents en cours de traitement figurent des documents relatifs à l'Association des femmes progressistes conservatrices, 1938-1966, et au Bureau de la main-d'œuvre féminine, 1951-1987.

PERRAULT, Joseph-François (1753-1844)   MG 24, K 9

Né à Québec, J.-F. Perrault a été greffier de tribunal, député de Huntingdon (1796-1800) et protonotaire du Québec (1802-1844). Il s'est intéressé à l'enseignement primaire et a publié des manuels sur ce sujet.

Originaux, 1798-1830, 329 pages; microfilm, 1832, 1 bobine, M-3133.

Manuscrit, 1830, de la troisième partie d'un manuel de J.-F. Perrault sur l'éducation des filles du faubourg Saint-Louis à Québec, et plus particulièrement sur l'enseignement ménager.

PETERKIN, Irene (connue 1915-1917)   MG 30, E 160

Pendant la Première Guerre mondiale, la sœur d'Irene Peterkin, Ruby G. Peterkin, a été religieuse infirmière en France et en Grèce.

Originaux, 1915-1917, 2,5 cm.

Lettres de sœur Ruby G. Peterkin à Irene Peterkin, qui habitait à Toronto, décrivant les conditions de vie et de travail dans les postes de soins.

POPP, Mary (née en 1897)   MG 31, H 17

Mary Popp est née dans une famille d'immigrants allemands. Elle a épousé un fermier de Langenburg (Saskatchewan) et a élevé sa famille dans cette localité.

Photocopies, 1967-1972, 140 pages.

Mémoires écrits entre 1967 et 1972 décrivant certains aspects de la jeunesse de Mary Popp, tels que les travaux à la ferme de ses parents, la vie familiale, la communauté allemande, les fréquentations et le mariage, et les travaux du ménage.

PREVOST, sir George (1767-1816)   MG 24, A 9

Sir George Prevost a été lieutenant-gouverneur et commandant en chef de la Nouvelle-Écosse de 1808 à 1811, puis administrateur du Bas-Canada. En 1812, il est devenu gouverneur du Bas-Canada, gouverneur en chef de l'Amérique du Nord britannique et, à titre honorifique, commandant en chef des forces de Sa Majesté dans le Haut-Canada. En 1815, il est retourné en Angleterre.

Transcriptions, 1810-1815, 13 cm. Instrument de recherche 982.

Nombreuses lettres adressées à sir George Prevost, en tant que gouverneur, écrites par des femmes, ordinairement des veuves de soldats, qui réclamaient pour elles-mêmes et leurs enfants une aide financière sous forme de redevances et de pensions. Les lettres fournissent des détails sur la situation économique et sociale de ces femmes.

RAMEZAY, famille   MG 18, H 54

Claude de Ramezay (1659-1724) a été gouverneur de Trois-Rivières et de Montréal avant de devenir gouverneur intérimaire de la Nouvelle-France de 1714 à 1716. Sa fille, Louise de Ramezay (1705-1776) a administré les scieries qu'il lui a léguées. Elle a aussi été copropriétaire des seigneuries de Bourchemin et de Ramezay-La Gesse et héritière des seigneuries de Ramezay, de Monnoir et de Sorel.

Originaux, s.d., 1553-1913, 40 cm; photocopies, s.d., 1753, 1757, 10 pages; transcriptions, 1660, 1762-1764, 10 pages; imprimés, s.d., 1803, 187 pages. Instrument de recherche 1232.

Documents sur les activités administratives et commerciales de Louise de Ramezay relativement à ses scieries et à ses seigneuries; contrats de mariage et autres papiers de famille. Les documents sont également disponibles sur microfilm, bobines C-15683 et C-15684.

REID, Grace (connue 1912-1916)   MG 55/30, Nº 111

Grace Reid habitait à Buchanan (Saskatchewan) et, de 1912 à 1913, elle a étudié au Success Business College de Winnipeg.

Originaux, 1912-1913, 1 cm.

Journal personnel tenu du 19 février 1912 au 3 juin 1913, dans lequel Grace Reid parle de ses problèmes de santé, de ses études au collège commercial et de ses efforts pour trouver un emploi en 1913, période de dépression économique.

ROEDER, Hans (connu 1948-1977) et   MG 31, H 128
Sonja (1925-1975)

Originaire de Prusse-Orientale, Sonja Helena Roeder (née Arndt) a immigré au Canada avec son mari en 1954. Elle s'est engagée activement dans la communauté germano-canadienne et dans divers organismes multiculturels, dont le International Centre of Winnipeg. Elle a également été membre d'associations de presse ethnique et d'organisations féminines, telles que le German Canadian Women's Committee, le Women's Model Parliament et le Club des femmes de carrières libérales et commerciales de Winnipeg.

Originaux, s.d., 1956-1977, 2,8 m. Instrument de recherche 1454.

Documents personnels, tels que de la correspondance et des agendas; discours; archives de nombreux organismes germano-canadiens, multiculturels et féminins.

ROTENBERG, Mattie (1897-1989)   MG 31, K 8

Mattie Rotenberg est née à Toronto et a obtenu un doctorat en mathématiques et en physique à l'Université de Toronto. De 1939 à

1968, elle a été chargée de travaux pratiques au laboratoire de physique de l'Université de Toronto. Très préoccupée par l'éducation de ses cinq enfants, elle a fondé la Hillcrest Progressive School en 1929. En 1939, elle a commencé à travailler à titre indépendant pour l'émission radiophonique d'affaires publiques destinée aux femmes, *Trans-Canada Matinée*, diffusée au réseau anglais de Radio-Canada.

Originaux, 1939-1964, 65 cm. Instrument de recherche 1107.

Textes de commentaires radiophoniques diffusés au réseau anglais de Radio-Canada entre 1939 et 1964, témoignant des préoccupations de Mattie Rotenberg relativement à la situation de la femme et aussi de son intérêt pour les sciences, l'éducation, le bien-être social et les affaires étrangères.

ROYAL CALEDONIAN CURLING CLUB   MG 28, I 229
Section canadienne (fondée en 1852)

Le Grand (plus tard, Royal) Caledonian Curling Club a été formé en Écosse en 1838 pour regrouper les joueurs et joueuses de curling de partout à travers le monde. En 1852, quatre clubs québécois de curling ont fondé la section canadienne afin de promouvoir ce sport au Canada. En 1904, les joueuses de curling ont formé leur propre comité chargé d'organiser des tournois annuels et, en 1905, le comité a pris le nom de Ladies Curling Association.

Originaux, s.d., 1840-1986, 3,44 m. Instrument de recherche 1854.

Archives de la Ladies Curling Association, 1904-1986, comprenant des procès-verbaux, des livres de caisse, des répertoires de matchs, des livres de copies de lettres, des listes de membres, des résultats de tournois, des albums, des historiques et d'autres documents. Voir aussi les archives (1958-1985) de l'Association canadienne féminine de curling (MG 28, I 272) dont la liste se trouve dans l'instrument de recherche 1188.

RUSSELL, Olive Ruth (1897-1979)   MG 31, K 13

Olive Ruth Russell est née à Delta (Ontario) en 1897. Elle a obtenu une licence en psychologie de l'Université de Toronto en 1931 et un doctorat de l'Université d'Édimbourg en 1935. Pendant la Seconde Guerre mondiale, elle a rempli les fonctions d'agente de sélection du personnel dans le service féminin de l'armée canadienne, de 1942 à 1945, et a atteint le grade de capitaine. De 1945 à 1947, elle a été adjointe administrative au directeur général de la Direction de la réadaptation au ministère des Anciens combattants. Elle a représenté le Canada à la conférence intercontinentale de 1946 du Conseil national des femmes et à la conférence de 1947 de la Fédération internationale des femmes diplômées des universités. Elle est l'auteure de *Freedom to Die : Moral and Legal Aspects of Euthanasia* (1975) et a milité pour le droit de mourir dans la dignité.

Originaux, 1931-1939, 1,26 m. Instrument de recherche 1354.

Renseignements biographiques; correspondance; discours; notes; articles publiés et coupures de journaux.

SADLIER / CHADWICK, famille   MG 29, C 122

Originaire d'Irlande, Mary Anne Sadlier (née Madden) (1820-v. 1903) a immigré à Montréal, probablement en 1847, et y a épousé l'éditeur James Sadlier. Mary Anne et sa fille, Anna Teresa, ont eu des carrières commercialement fructueuses comme auteures mineures, privilégiant respectivement les thèmes irlandais catholiques et canadiens-français. Après 1850, Mary Anne Sadlier a poursuivi sa carrière à New York, mais Anna a fait ses études à Montréal et s'est installée à Ottawa.

Originaux, s.d., 1867-v. 1931, 40 cm.

Lettres adressées à Mary Anne Sadlier par son fils, Francis Xavier, renseignant sur les carrières de Mary Anne et de sa fille; coupures de journaux de nouvelles et d'autres textes écrits par Anna T. Sadlier ou à son sujet.

SANDYS, Charles (1786-1859)   MG 24, I 28

Alicia Cockburn, cousine de Charles Sandys, a habité Québec où son mari, le major Francis Cockburn, était posté pendant la Guerre de 1812.

Originaux, 1813-1814, 31 pages.

Lettres d'Alicia Cockburn à Charles Sandys renseignant sur la guerre et la vie au Canada.

SASKATCHEWAN HOMESTEADING EXPERIENCES   MG 30, C 16

Un concours organisé en 1923 sous les auspices de l'Imperial Order Daughters of the Empire et de la section féminine du Cercle canadien de Regina invitait les personnes exploitant un domaine agricole à raconter par écrit leurs expériences. En 1926, d'autres récits furent soumis au *Grain Grower's Guide*. Bon nombre de ces récits étaient écrits par des femmes émigrées de Grande-Bretagne.

Transcriptions, 1923, 1926, 15 cm. Instrument de recherche 474.

Transcriptions de 73 récits de fermiers et fermières, la plupart de la Saskatchewan, entre 1870 et 1926, décrivant la vie sociale, les conditions de voyage et les travaux agricoles.

SAVAGE, Marion Creelman (1886-1975)   MG 30, C 92

Marion Creelman Savage est née à Toronto et, en 1912, elle a épousé Edward Baldwin Savage qui est mort en 1920, la laissant seule avec trois enfants. Elle a passé la plus grande partie de sa vie à Montréal où elle s'est engagée dans des organismes tels que l'Imperial Order Daughters of the Empire (IODE), la Guilde canadienne des métiers d'art, les sections locale, nationale et internationale du Conseil des femmes, le Last Post Fund et le Comité consultatif féminin de la Commission des prix et du commerce en temps de guerre.

Originaux, s.d., 1894-1972, 1,55 m. Instrument de recherche 977.

Correspondance comprenant des lettres de ses enfants; documents financiers personnels; journaux tenus par Marion Savage, 1903 et 1954, et sa fille, Marion, 1937; notes; dossiers-matière incluant des dossiers sur la Fédération canadienne des femmes diplômées des universités, l'IODE, le Conseil national des femmes, la Family Welfare Association de Montréal et le Last Post Fund; documents divers; coupures de journaux.

SHARMAN, Henry Burton (1865-1953) et   MG 30, C 224
Abbie Lyon (1872-1957)

Abbie Sharman (née Lyon) est née à Hangchow (Chine) de parents américains missionnaires. En 1896, elle a abandonné la vie de missionnaire qu'elle avait envisagée pour épouser un Canadien, Henry Burton Sharman. Elle a obtenu un doctorat en littérature anglaise à l'Université de Chicago et s'est mise à écrire sous le nom de Lyon Sharman. Le rôle de son mari comme leader chrétien et éducateur devenant de plus en plus important, elle l'a suivi à Winnipeg, à Chicago, à Toronto et en Chine, a soutenu sa carrière et a continué à publier de nombreux livres et articles.

Originaux, s.d., 1869-1976, 7,45 m. Instrument de recherche 1697.

Documents témoignant de l'appui apporté par Abbie Sharman à son mari et de son propre travail d'écrivaine, comprenant une importante correspondance échangée entre les époux Sharman pendant les nombreuses séparations qu'occasionnait le travail d'Henry; correspondance entre les femmes de la famille Lyon, dont les lettres de la sœur d'Abbie, Lois, qui était missionnaire; nombreuses lettres de parents et amis; notes biographiques et esquisses; publications de Lyon Sharman et correspondance afférente; albums illustrant la formation d'Abbie, sa carrière d'écrivaine et sa participation au Canadian Women's Press Club; documents relatifs à la carrière d'Henry Sharman.

SHERIDAN, Miriam et famille   MG 31, K 27

Miriam Sheridan (née Marshall) (1897-1984) et sa mère, Alice (Lalla) Marshall (née Smith) (1867-1960), ont toutes deux été actives dans des organisations féminines. Alice Marshall était une musicienne amateur accomplie et une oratrice bien connue aux réunions de la Woman's Missionary Society, de la Woman's Christian Temperance Union et de la Young Women's Christian Association. Elle a publié des nouvelles pour enfants et des articles sur des questions de réforme et de féminisme sous le nom de plume de Barbara Barringer. Miriam Sheridan a travaillé dans la publicité et l'enseignement et elle a joué un rôle dans le Club d'Ottawa des femmes diplômées des universités et dans la Fédération canadienne des femmes diplômées des universités.

Originaux, s.d., 1888-1981, 1,05 m. Instrument de recherche 1723.

Documents relatifs aux écrits d'Alice Marshall et à sa carrière d'oratrice; lettres de Fannie White, jeune fugueuse aidée par A. Marshall, 1906; documents relatifs au rôle de Miriam Sheridan dans des organisations féminines, à sa formation et à sa vie personnelle et familiale, comprenant des journaux intimes, 1914-1918, 1942, des lettres échangées avec C.W. Sheridan pendant leurs fréquentations, 1917-1925, et un album de souvenirs de l'Université de Toronto; documents des familles Marshall et Sheridan, incluant les journaux intimes de la sœur de Miriam, Helen, 1914-1917.

SINCLAIR, Adelaide Helen Grant (Née en 1900)   MG 30, E 391

Diplômée de la School of Economics de Londres et de l'Université de Berlin, Adelaide Sinclair (née Macdonald) a donné des cours de sciences politiques à l'Université de Toronto jusqu'à son mariage en 1930. Présidente du Central Volunteer Bureau de Toronto au début de la Deuxième Guerre mondiale, elle a mis sur pied le Women's Salvage Committee et, en 1942, est devenue membre de la section de l'économie de la Commission des prix et du commerce en temps de guerre. En 1943, elle est entrée dans le service féminin de la Marine royale du Canada. Au Royaume-Uni, elle a passé plusieurs mois à étudier le pendant britannique de ce service, dont elle est devenue la première directrice canadienne. Elle a quitté le service en 1946.

Originaux, s.d., 1942-1946, 4 cm; photocopies, s.d., 1942-1946, 1 cm.

Correspondance, notes, programmes, rapports, brochures, communiqués de presse, poèmes, caricatures et coupures de journaux concernant Adelaide Sinclair et les services féminins des marines royales canadienne et britannique.

SMITH, Jori (née en 1907)   MG 30, D 249

Originaire de Montréal, Jori Smith a partagé un studio d'art commercial avec Jean-Paul Lemieux et Jean Palardy, lequel elle a épousé en 1930. Elle a partagé l'intérêt de Jean Palardy pour les traditions populaires et les artefacts québécois, et ils ont passé leurs vacances principalement dans le comté de Charlevoix (Québec), où Marius Barbeau est souvent venu les rejoindre. J. Smith a été membre fondateur du Eastern Group of Painters en 1938 et, en 1939, elle a participé à la fondation de la Contemporary Arts Society. En 1941, elle a exposé à la première exposition des Indépendants.

Originaux, s.d., 1910-1978, 1,41 m. Instrument de recherche 1118.

Correspondance générale d'artistes, d'écrivains et écrivaines et d'autres personnalités, dont Mavis Gallant, Gabrielle Roy, Madeleine Lemieux (épouse de Jean-Paul Lemieux) et P.K. Page; documents personnels comprenant des coupures de journaux; manuscrits de Marius Barbeau; correspondance de la famille Palardy; souvenirs dactylographiés de J. Smith du comté de Charlevoix dans les années 1930.

SOCIETY FOR THE OVERSEA SETTLEMENT OF   MG 28, I 336
BRITISH WOMEN (1919-1963)

La Society for the Oversea Settlement of British Women a été fondée en 1919 lors de la fusion de la British Women's Emigration Association, de la South African Colonization Society et de la Colonial Intelligence League. Cette société conseillait le Oversea Settlement Committee en matière de politiques d'immigration et de recrutement de femmes de professions libérales. En 1962, la société a pris le nom de Women's Migration and Overseas Appointment Society et elle a cessé ses activités en 1963.

Microfilm, 1861-1963, 10 bobines, A-1054 à A-1063.

Rapports annuels, 1921-1935; documents du Canada Territorial Committee; documents divers, 1861-1963; rapports de comités; procès-verbaux, 1927-1930; documents divers de la Women's Emigration Society, 1880-1928, du Female Middle Class Emigration Fund, du

Oversea Settler (Monthly) Bulletin, 1926-1931, de la Colonial Intelligence League (for Educated Women), 1910-1920, et du *Imperial Colonist*, 1902-1916, 1919-1927.

SOCIETY FOR THE PROTECTION OF WOMEN   MG 28, I 129
AND CHILDREN, Montréal
(fondée en 1882)

La Montreal Society for the Protection of Women and Children a été fondée en 1882 pour promouvoir la promulgation et la mise en application de lois visant à protéger les femmes et les enfants. Les membres fondateurs s'intéressaient particulièrement aux lois touchant le travail des enfants dans les manufactures de textiles. Des membres ont mené des enquêtes sur des cas d'enfants abandonnés, négligés, indigents ou victimes d'agressions et de cruautés. La société a plus tard étendu son travail à la plupart des aspects de la vie familiale et, en 1971, elle a fusionné avec d'autres organismes de services sociaux.

Originaux, 1882-1981, 2,4 m. Instrument de recherche 748.

Procès-verbaux, correspondance connexe et rapports annuels; rapports financiers; correspondance, 1969-1981; dossiers-matière comprenant des documents sur le Conseil des services sociaux de Montréal et une série de livrets intitulés *Welfare Work in Montreal*, 1922-1936.

SPECTOR, John Jacob (né en 1902)   MG 30, A 106

John J. Spector a pratiqué le droit avec l'avocat de la couronne et député Peter Bercovitch jusqu'en 1942, puis il a ouvert son propre cabinet. Autorité en matière de droit du travail, il a représenté les syndicats des travailleurs et travailleuses du vêtement devant les tribunaux.

Originaux, 1922, 1935, 1938-1944, 1950, 20 cm.

Notes, correspondance et factums relatifs à la représentation de J. Spector de l'Union internationale des ouvriers et ouvrières du vêtement pour dames, 1922-1950, comprenant des renseignements sur les salaires et les conditions de travail.

SPRINGFORD, Norma (1916-1989)   MG 31, D 164

Norma Springford est née à Saint John (Nouveau-Brunswick). Elle a étudié le théâtre avec Elizabeth Stirling Haynes et a travaillé avec elle comme directrice, metteure en scène et spécialiste en théâtre. N.

Springford a été tour à tour associée au Canadian Art Theatre (1945-1948), au McGill Players Club (1950-1959), au Mountain Playhouse Inc. (1951-1961) et au Montreal Repertory Theatre (1961) et a été membre de jurys dans divers festivals de théâtre à travers le Canada. Elle a été présidente du Canadian Theatre Centre (CTC), membre du comité national de direction du Dominion Drama Festival (DDF) et a été active dans d'autres organismes de théâtre. N. Springford a enseigné le théâtre lors de séminaires organisés par des théâtres communautaires et dans le cadre de cours d'été et elle a fait une longue carrière de professeure de théâtre à l'Université Concordia.

Originaux, 1922-1983, 4,05 m. Instrument de recherche 1533.

Documents personnels et correspondance; documents sur le CTC, Mountain Playhouse Inc. et le DDF; textes de pièces de théâtre; dossiers-matière sur des organismes de théâtre; programmes; imprimés comprenant des coupures de journaux; albums de coupures sur le Mountain Playhouse Inc.

SUFRIN, Eileen (née en 1913)   MG 31, B 31

De 1941 à 1942, Eileen Sufrin (née Tallman) a joué un rôle de premier plan dans la syndicalisation du personnel des banques et, en 1942, elle a dirigé sans succès la grève pour la reconnaissance du personnel de la Banque canadienne nationale à Montréal. Son premier succès dans la syndicalisation de personnel de bureau lui est venu en 1943 quand la compagnie John Inglis de Toronto a accepté que les Métallurgistes unis d'Amérique représentent son personnel de bureau. De 1948 à 1952, elle a dirigé la campagne de syndicalisation des travailleurs et travailleuses de la compagnie Eaton. Après 1953, elle a travaillé pour les Métallurgistes unis d'Amérique, a étudié le syndicalisme italien et a travaillé pour le gouvernement de la Saskatchewan et le ministère fédéral du Travail avant de s'engager dans l'Alliance de la Fonction publique du Canada. Elle a pris sa retraite en 1972 et son livre, *The Eaton Drive*, a paru en 1982.

Originaux, s.d., 1941-1982, 31 cm.

Brochures, bulletins et dépliants ayant trait à la campagne de syndicalisation du personnel des banques; manuscrits et documentation utilisée pour la rédaction de *The Eaton Drive*, comprenant des documents relatifs à une campagne de syndicalisation menée dans un magasin à rayons Simpson's et la presque totalité des documents relatifs à la campagne Eaton; correspondance relative à l'équité salariale pour les femmes membres des Métallurgistes unis d'Amérique; documents relatifs à l'International Confederation of Free Trade Unions Women's School, au syndicalisme italien et à l'Alliance de la Fonction publique du Canada; correspondance personnelle.

SUMMERHILL HOMES, Montréal (fondée en 1815)   MG 28, I 388

À sa fondation en 1815, la Female Benevolent Society, qui est devenue la Montreal Ladies Benevolent Society (MLBS), était le premier organisme montréalais anglophone de services sociaux. Il se proposait d'aider les mères indigentes de jeunes enfants, les malades, les personnes âgées et les personnes handicapées. En 1817, la société a ouvert un foyer appelé House of Recovery. De 1822 à 1832, elle a suspendu ses activités; mais un tout nouvel organisme, le Montreal Protestant Orphans' Asylum (MPOA), a pris sous sa responsabilité les orphelins dont elle avait la charge (ainsi que les fonds). L'organisme, qui était dirigé par un comité de femmes de la haute société, s'occupait d'orphelins jusqu'à ce qu'ils soient en apprentissage, c'est-à-dire jusqu'à l'âge de 12 ans pour les garçons et 14 ans pour les filles. En 1832, la MLBS a été réorganisée pour combattre l'épidémie de choléra, puis elle a fait office de foyer pour des personnes handicapées, des veuves sans emploi et des enfants de familles pauvres. En 1856, elle a fusionné avec la House of Industry and Refuge. En 1947, le MPOA et la MLBS se sont regroupés sous le nom de Montreal Ladies Benevolent and Protestant Orphans Society. En 1962, la société a été dissoute, puis a rouvert sous le nom de Summerhill Homes. Elle a fusionné avec d'autres organismes de services sociaux en 1977.

Originaux, 1823-1977, 4,59 m. Instrument de recherche 1504.

Procès-verbaux, rapports annuels, registres, correspondance, documents financiers et dossiers-matière sur la MLBS, le MPOA et Summerhill Homes, comprenant des journaux de directrices de la MLBS, 1851-v. 1909, des registres de la direction du MPOA et des registres de visiteurs, des historiques de la MLBS, s.d., 1933, et une enquête sur des enfants qui ont quitté la MLBS, 1876-1948. Ce fonds est également disponible sur microfilm, bobines H-1709 à H-1730. Des photographies ont été transférées à la Division de l'art documentaire et de la photographie.

SYNDICAT DES COMMUNICATIONS CANADA   MG 28, I 329
(1946-1980)

Les membres du Syndicat des communications Canada étaient presque tous des femmes et la direction a toujours été assurée entièrement par des femmes, ce qui constitue un phénomène unique dans le syndicalisme canadien. Connu jusqu'en 1974 sous le nom de Traffic Employees Association, le syndicat a été accrédité en vertu de la *Loi sur les relations de travail en temps de guerre* comme agent de négociations pour le personnel de la compagnie de téléphone Bell Canada. En 1970, l'association comptait 7 500 membres. Elle a cessé d'exister en 1980 après une longue offensive d'un autre syndicat représentant le personnel de Bell Canada, les Travailleurs en communication du Canada.

Originaux, 1946-1980, 8,67 m. Instrument de recherche 1355.

Documents relatifs aux assemblées générales; rapports et correspondance de représentant et représentantes de districts; correspondance et circulaires; dossiers-matière; questionnaires révélant l'opinion des membres sur des questions telles que les conditions de travail à temps partiel et le travail de nuit; dossiers de négociations de conventions collectives; rapports de réunions entre la direction et le personnel; dossiers de mesures disciplinaires et de griefs; documentation relative aux manœuvres d'autres syndicats, dont celle des Travailleurs en communication du Canada; discours de la présidente Mary Lennox; coupures de presse et publications; autres documents.

THÉRIAULT, Marie José (née en 1945)   MG 31, D 212

Originaire de Montréal, Marie José Thériault a eu divers emplois tout en étant danseuse professionnelle (1964-1973) et chanteuse et auteure de chansons (1967-1979). Rédactrice et traductrice pour la revue *Entr'acte* de 1973 à 1974, elle est entrée aux Éditions Hurtubise HMH en 1975 et en a été la directrice littéraire de 1978 à 1984. Elle a publié plusieurs volumes de poésie et de fiction, ainsi que des traductions.

Originaux, s.d., vers 1951-1986, 4,27 m.

Correspondance; notes; coupures de journaux; manuscrits et épreuves (contes, poèmes, etc.) à différentes étapes de production; carnets de notes; agendas; esquisses de couvertures de livres; programmes de théâtre. Des photographies, des dessins et des affiches ont été transférés à la Division de l'art documentaire et de la photographie; et du matériel audio et vidéo a été transféré à la Division des archives audio-visuelles.

TRAILL, famille, collection   MG 29, D 81

Catharine Parr Traill (1802-1899) a émigré d'Angleterre avec son mari, Thomas, en 1831 et s'est installée près de Peterborough dans le Haut-Canada. Elle a écrit de nombreux articles et livres, dont *The Backwoods of Canada* (1836). Elle était bien connue comme naturaliste et a publié *Canadian Wild Flowers* (1868) et *Studies of Plant Life in Canada* (1885). Sa sœur et son frère, l'auteure Susanna Moodie et l'auteur Samuel Strickland, ont aussi émigré au Canada, tandis que trois de ses sœurs, les auteures Jane, Agnes et Elizabeth Strickland, sont restées en Grande-Bretagne.

Originaux, s.d., 1816-1970, 2,47 m; microfilm, 1836-1885, bobine A-809; photocopies, s.d., 1835-1974, 3 cm. Instrument de recherche 921.

Correspondance de Catharine Parr Traill, incluant des lettres de ses sœurs; journaux intimes et carnets de notes; manuscrits; œuvres imprimées. Correspondance, manuscrits, œuvres imprimées et autres documents relatifs aux familles Traill, Strickland et Moodie. Les originaux et les photocopies sont également disponibles sur microfilm, bobines H-5 à H-16.

TRAVAILLEURS AMALGAMÉS DU VÊTEMENT ET DU TEXTILE
Division du textile (fondée en 1945)

MG 28, I 219

Soucieux de développer et de regrouper les organisations syndicales de l'industrie textile, qui a toujours employé un grand nombre de femmes, le Congrès du travail du Canada a demandé aux Ouvriers unis du textile d'Amérique (OUTA) de s'introduire au Canada en 1945. L'OUTA est rapidement devenu le plus important syndicat d'ouvriers et ouvrières du textile au Canada, représentant les travailleurs et travailleuses des principales filatures, telles que la Canadian Cottons en Ontario et au Nouveau-Brunswick, Cortaulds Ltd. à Cornwall et Monarch Knitting Mills à Toronto. En 1976, l'OUTA a fusionné avec les Travailleurs amalgamés du vêtement d'Amérique pour former les Travailleurs amalgamés du vêtement et du textile.

Originaux, s.d., 1920-1986, 76,24 m. Instrument de recherche 1110.

Documents relatifs aux congrès; circulaires du bureau national; procès-verbaux; correspondance et rapports de congrès internes; dossiers sur les conseils mixtes de l'OUTA; dossiers sur les sections locales canadiennes; documents relatifs à l'organisation de campagnes; rapports des organisateurs et organisatrices et dossiers du personnel; documents relatifs au bureau international et à d'autres organisations syndicales; dossiers-matière; dossiers du personnel du syndicat; documents financiers et publications.

UKRAINIAN CANADIAN COMMITTEE
(Komitet Ukrayints'iv Kanady)
(fondé en 1940)

MG 28, V 9

L'Ukrainian Canadian Committee (UCC) chapeaute et coordonne les activités d'organismes ukrainiens au Canada, s'efforce de préserver la culture ukrainienne et agit comme porte-parole des Canadiens et Canadiennes d'origine ukrainienne. Parmi ses membres figurent la plupart des organismes ukrainiens au Canada.

Originaux, 1923-1981, 11,5 m; microfilm, 1940-1971, 5 bobines, M-2778 à M-2781, M-3204. Instrument de recherche 781.

Procès-verbaux du conseil de direction et des comités de la division féminine de l'UCC, 1954-1971, rédigés entièrement en ukrainien.

UNION SPORTIVE INTERUNIVERSITAIRE   MG 28, I 312
CANADIENNE FÉMININE
(1969-1978)

L'Union sportive interuniversitaire canadienne féminine (USICF) a été formée pour encadrer et encourager l'organisation de championnats nationaux interuniversitaires. Elle a organisé des championnats nationaux de basket-ball, de gymnastique, de natation et de plongeon, d'athlétisme et de volley-ball et a collaboré à l'organisation de championnats internationaux. Elle a également aidé les athlètes, les entraîneurs et entraîneuses et les personnes responsables de l'athlétisme féminin. En 1978, elle a fusionné avec l'Union sportive interuniversitaire canadienne (USIC), nouvellement réorganisée.

Originaux, s.d., v. 1946-1947, 1959-1980, 2,01 m.

Documents relatifs à la formation de l'USICF; procès-verbaux et documentation connexe, comprenant des ordres du jour, des rapports, de la correspondance, des états financiers, des règlements, des bulletins, des listes d'envoi et des rapports de comités; correspondance générale; archives de championnats nationaux; documents de comités; documents relatifs aux réunions de l'USIC; débats de la première assemblée générale de la nouvelle USIC; documents sur des organismes connexes, tels que la Ontario Women's Intercollegiate Athletic Association; dossiers-matière; documents financiers; dossiers du Comité athlétique féminin de l'Association canadienne pour la santé, l'éducation physique et la récréation.

VAUBOIS, Gina (1901-1983)   MG 31, D 84

Gina Vaubois était le nom de scène de Rolande Lanctôt. Elle a étudié le piano et le ballet à Montréal avant d'aller poursuivre ses études de ballet à New York avec Luigi Albertieri et Alphonso Joseph Sheafe. Dans les années 1930, elle a enseigné la danse à Montréal. En 1936, elle est partie en tournée théâtrale en Europe, jouant dans *Pimple and Ginette* pendant son séjour en Angleterre. La Deuxième Guerre mondiale l'a obligée à revenir à Montréal, où elle a fondé le Studio de danse Gina Vaubois en 1945.

Originaux, s.d., 1913-1984, 76 cm. Instrument de recherche 709.

Documents sur les carrières de Gina Vaubois dans la danse et l'enseignement, comprenant des documents personnels; correspondance avec la famille, des amis et des élèves; documents financiers; documents relatifs à la tournée *Pimple and Ginette*; chorégraphie et notes pour les exercices en classes de danse; documents de famille; documents relatifs aux associations de danse et de théâtre; affiches et programmes, particulièrement de la région de Montréal; coupures de presse.

VAUTELET, Renée (1897-1980)   MG 30, C 196

Renée Vautelet (née Geoffrion) est née à Montréal et a participé activement à des organismes féminins et communautaires. Pendant la Deuxième Guerre mondiale, elle a été l'une des deux seules femmes membres du War Savings Certificate National Committee et, en 1945, elle a été la seule femme membre du Conseil consultatif économique de la province de Québec. Son rapport sur les problèmes d'après-guerre des Québécoises a été publié par le Conseil des femmes de Montréal. Par la suite, elle a travaillé pour les droits des femmes et ceux des consommateurs, comme secrétaire de la Fédération nationale des femmes libérales du Canada et comme membre fondateur et présidente de l'Association des consommateurs du Canada.

Originaux, s.d., 1872-1980, 48 cm. Instrument de recherche 1289.

Journaux intimes, 1913-1924; correspondance; notes biographiques; articles sur diverses questions, dont des questions féminines; notes de cours; dossiers-matière; mémoire adressé à la Commission royale d'enquête sur la situation de la femme en faveur de la reconnaissance des femmes au foyer; exemplaires du rapport de R. Vautelet, *Postwar Problems and Employment of Women in the Province of Quebec*, 1945; documents de famille, 1872-1947; rapports, discours, bulletins et notes sur des questions de consommation.

VOIX DES FEMMES   MG 28, I 218
(fondée en 1960)

La Voix des femmes a été fondée en 1960 lors d'une manifestation populaire à Toronto afin d'organiser les actions féminines en faveur de la paix et du désarmement. De nombreuses sections ont été créées à travers le Canada. Sous la direction du Comité central national, dont le bureau principal était à Toronto, ces sections faisaient pression sur les gouvernements et les organismes canadiens et étrangers, s'organisaient en réseau avec d'autres organisations féminines et groupes pacifistes et travaillaient à sensibiliser le public. Bien que l'organisme se soit peu à peu intéressé à d'autres questions connexes, telles que le féminisme, les droits des autochtones et les jouets belliqueux, sa principale préoccupation dans les années 1960 et au début des années 1970 a été la guerre du Vietnam.

Originaux, s.d., 1959-1987, 8,7 m. Instrument de recherche 377.

Procès-verbaux et rapports de réunions; correspondance; communiqués de presse et autres documents publicitaires; dossiers-matière comprenant des documents sur des organismes pacifistes, la situation de la femme, les jouets belliqueux et les sections de la Voix des femmes; rapports, mémoires et énoncés de politiques; imprimés et coupures de presse, incluant des publications de la Voix des femmes et divers bulletins relatifs à la libération de la femme; documents relatifs au projet de tricot de Toronto pour les enfants vietnamiens; autres documents.

WADDINGTON, Miriam (née en 1917)   MG 31, D 54

Miriam Waddington est originaire de Winnipeg. Elle a publié 11 recueils de poèmes, dont *The Glass Trumpet* (1966) et *Driving Home* (1972). Elle a édité *Collected Poems of A.M. Klein* (1974) et écrit une étude critique sur A.M. Klein. Elle est également l'auteure de nombreux articles et comptes rendus, de nouvelles et de traductions d'œuvres poétiques ou en prose écrites en allemand ou en yiddish. M. Waddington a été travailleuse sociale pendant 20 ans avant de devenir professeure de littérature anglaise et canadienne à l'Université York.

Originaux, s.d., 1927-1990, 8,5 m. Instrument de recherche 1415.

Correspondance générale et littéraire; agendas et journaux intimes, 1930-1971; dossiers généraux manuscrits; documentation sur les collections de poèmes publiés, ouvrages critiques et éditions; documentation personnelle; imprimés.

WALES, Julia Grace (1881-1957)   MG 30, C 238

Originaire de Bury (Québec), Julia Grace Wales a été étudiante et professeure de littérature anglaise à l'Université du Wisconsin. Surtout connue pour son engagement dans le mouvement pacifiste pendant la Première Guerre mondiale, J. Wales a été déléguée au Congrès international des femmes à La Haye en 1915, où son plan « Continuous Mediation Without Armistice » a été adopté comme résolution pour mettre fin à la guerre. En 1915, elle a fait partie de l'expédition Henry Ford pour la paix et a été membre jusqu'en 1917 de la Conférence de Stockholm sur la neutralité. Après la guerre, elle est retournée à l'enseignement, mais a continué à écrire des articles sur des questions pacifistes et des thèmes religieux. Son livre *Democracy Needs Education* a paru en 1942.

Originaux, s.d., 1899-1969, 1988, 55 cm; photocopie, 1915, 1 page. Instrument de recherche 1760.

Correspondance, extraits de journaux intimes et documents de travail pour un mémoire sur l'expédition Ford et la Conférence sur la neutralité; coupures de presse et articles; brouillons et exemplaires de ses publications; documents relatifs à sa participation au mouvement pacifiste; documents sur *Democracy Needs Education*; documents sur sa carrière d'enseignante, sa poésie et ses écrits religieux et autres; documents personnels et posthumes.

WEBER, Ephraim (1870-1956)   MG 30, D 53

Né en Ontario, Ephraim Weber s'est installé en Alberta, puis en Saskatchewan, où il est devenu instituteur. Il a écrit des poèmes et des essais sans pourtant jamais réaliser de carrière littéraire. Vers 1900, il a fait la connaissance de la romancière de l'Île-du-Prince-Édouard, Lucy Maud Montgomery (1874-1942), à travers les écrits qu'elle publiait dans des magazines et il a entrepris avec elle une correspondance qui a duré 40 ans.

Originaux, 1905-1941, 9 cm.

Imposante correspondance de L.M. Montgomery à Ephraim Weber. Dans ses lettres, L.M. Montgomery discute de ses écrits, de la publication de *Anne of Green Gables* (1908) et de ses nombreux autres livres, poèmes et nouvelles; d'écrivains et écrivaines et du monde de l'édition en général; d'éducation et de religion, d'événements d'actualité, de ses voyages et de ses activités domestiques. Ce fonds est également disponible sur microfilm, bobine C-10689.

WESTCOTT PAPINEAU, Mary Eleanor (1823-1890)   MG 24, K 58

Mary Eleanor Westcott a épousé Louis-Joseph-Amédée Papineau (1819-1903), fils de Louis-Joseph Papineau, en 1846, à Saratoga Springs (New York). Revenu au Canada après son exil politique, son mari est devenu protonotaire à la Cour du Banc de la Reine.

Originaux, 1810-1889, 21 cm.

Correspondance et documents connexes relatifs à Mary Eleanor Westcott Papineau, à son enfance et à sa vie d'épouse, de mère et de grand-mère. Ses principaux correspondants étaient son père, son mari, ses enfants et ses amis.

WHEELER, Annie (1883-1948)   MG 30, C 221

Née à Twillingate (Terre-Neuve), Annie Wheeler a commencé ses études vers 1899 pour devenir enseignante. De 1901 à 1911, elle a enseigné dans plusieurs communautés terre-neuviennes puis, pendant l'été 1913, à Carmichael (Saskatchewan). En 1912, elle s'est inscrite à la Methodist Church Deaconess' School de Toronto et a obtenu son diplôme en 1914, année où elle a épousé un ministre méthodiste, John Hurst.

Originaux, 1899-1903, v. 1914, 6 pages.

Six certificats d'enseignement d'Annie Wheeler datés de 1899-1903, avec des annotations biographiques pour les années 1901-1914.

WHITE, John (décédé en 1800)   MG 23, H I 5

Époux de Marianne White, John White a été procureur général du Haut-Canada de 1791 jusqu'à sa mort lors d'un duel en 1800. Son beau-frère, sir Samuel Shepherd, a élevé les enfants de John et Marianne White après la mort de leur père.

Originaux, 1780-1840, 598 pages; photocopies, 1792-1797, 95 pages. Instrument de recherche 207.

Correspondance relative à Marianne White, renseignant sur ce que représentait pour une veuve l'administration d'une propriété à cette époque.

WHITTON, Charlotte Elizabeth (1896-1975)   MG 30, E 256

Après avoir obtenu son diplôme à l'Université Queen's en 1918, Charlotte Whitton est entrée au Conseil des services sociaux du Canada. En 1926, elle est devenue la première directrice générale à plein temps du Conseil canadien du bien-être de l'enfance (plus tard, le Conseil canadien du bien-être). Pendant la Dépression, en 1932, elle a étudié l'assurance-chômage dans l'Ouest canadien pour le gouvernement Bennett, et a été conseillère de la Commission nationale de l'emploi en 1937. En 1941, elle a démissionné du Conseil canadien du bien-être pour écrire et travailler comme experte-conseil en services sociaux. En 1951, elle a été élue maire d'Ottawa, puis a été réélue en 1952, 1954, 1960 et 1962. Elle a été la première femme maire d'une ville canadienne. Après sa défaite en 1964, elle a été conseillère de 1966 à 1972.

Originaux, 1850-1977, 24,3 m; photocopies, 1943, 1948, 3 cm. Instrument de recherche 1127.

Correspondance, 1906-1977; journaux intimes et autres documents personnels; correspondance, rapports, procès-verbaux et autres documents relatifs à son travail au Conseil des services sociaux du Canada et au Conseil canadien du bien-être; documents relatifs aux études de C. Whitton en service social; archives de la carrière politique de C. Whitton; documents relatifs à l'Église d'Angleterre au Canada et à divers organismes, dont la Fédération des clubs de femmes de carrières libérales et commerciales, le Canadian Women's Press Club, l'Imperial Order Daughters of the Empire et le Ladies Club de Toronto; manuscrits et documents de recherche; coupures de presse et albums; autres documents.

WILSON, Cairine Reay (1885-1962)   MG 27, III C 6

Cairine Reay Wilson (née Mackay) était la fille de l'honorable Robert Mackay, homme d'affaires de Montréal et sénateur libéral. En 1909, elle a épousé Norman F. Wilson, ancien député libéral. Elle a été fondatrice et présidente de la Fédération nationale des femmes libérales du Canada et fondatrice du Twentieth Century Club pour les jeunes membres libéraux. En 1930, les femmes ayant obtenu le droit d'être admises au Sénat lors de la fameuse cause qui a rendu la femme citoyenne à part entière, elle a été la première femme à être nommée sénatrice par W.L. Mackenzie King. Première présidente du Canadian National Committee on Refugees and the Victims of Persecution, de 1938 à 1948, elle a travaillé à faire changer les politiques canadiennes d'immigration et a combattu l'antisémitisme. Elle a été présidente de la League of Nations Society of Canada de 1936 à 1942 et la première femme déléguée du Canada aux Nations Unies en 1949.

Originaux, 1859-1891, 1904-1962, 97,5 cm. Instrument de recherche 431.

Correspondance, 1908-1962; discours et articles, 1930-1961; dépliants, albums et coupures de presse; documents de famille; journal d'un voyage en Europe, 1904; autres documents.

WOMEN'S INSTITUTE OF STONEY CREEK   MG 28, I 47
(fondé en 1897)

Le premier institut féminin a été créé à Stoney Creek, comté de Wentworth (Ontario), sous la direction d'Adelaide Hoodless, afin de promouvoir les principes scientifiques dans la gestion domestique. À l'origine, l'institut était connu sous le nom de Women's Institute of Saltfleet, puis de Women's Institute of South Wentworth. Par la suite, de nombreux instituts féminins ont été créés à travers le Canada.

Photocopies, 1897-1904, 1921, 6 cm.

93

Procès-verbaux, 1897-1904, comprenant des listes de membres, des titres de cours et des statuts et règlements; esquisse historique de l'institut, 1921.

WOYCENKO, Olha (née en 1911)   MG 30, D 212

Fille d'immigrés ukrainiens, Ohla Woycenko (née Hawrysyshyn) est née à Winnipeg. Diplômée d'une école de commerce, elle a travaillé pour le journal ukrainien *Ukrainskya Holos* (La voix ukrainienne), où elle a occupé divers postes de gestion et de rédaction. Elle a été active dans des organismes ethnoculturels, communautaires et féministes, et a écrit de nombreux articles et discours. Son étude historique *The Ukrainians in Canada* a été publiée en 1967.

Originaux, 1900-1983, 17,58 m.

Documents témoignant de la participation d'O. Woycenko à des organisations féminines, telles que la Ukrainian Women's Association of Canada, le Ukrainian Canadian Women's Committee, la World Federation of Ukrainian Women's Organizations, le Canadian Women's Press Club et les Conseils national et international des femmes; documents familiaux et personnels; documents de voyage; correspondance familiale comprenant des lettres d'Olena Kysilewska; correspondance générale; dossiers de référence; manuscrits.

WRIGHT, Charles (décédé en 1828)   MG 24, B 133

Mary Cambridge et son mari, John Cambridge, riche marchand de Bristol, possédaient des terres et des intérêts considérables dans le commerce du bois et la construction navale à l'Île-du-Prince-Édouard. Leur fille, Lydia Cambridge était mariée à Charles Wright.

Photocopies, 1778, 1811-1850, 256 pages.

Copies de lettres conservées par Mary Cambridge, 1811-1812, comprenant des lettres à son mari sur leurs intérêts commerciaux et fonciers, et les affaires politiques de l'Île-du-Prince-Édouard. Ce fonds est également disponible sur microfilm, bobine H-1663.

WRIGHT, famille   MG 29, A 59

Hannah C. Wright (1833-1901) a épousé Joseph Merrill Currier, député et très riche négociant en bois, en 1868. Devenue veuve en 1884, elle a continué à vivre dans l'opulence, gérant les propriétés dont elle était héritière à Ottawa et dans l'Ouest québécois. Sa nièce, Frances Adelia Wright (1865-1949), a été son exécutrice testamentaire et a administré son héritage avec la même efficacité.

Originaux, 1851-1950, 2,72 m. Instrument de recherche 1378.

Documents d'affaires et documents personnels de Hannah C. Wright, incluant de la correspondance, des documents financiers et juridiques, des carnets de notes religieuses et autres; documents de Frances Wright, tels que des carnets de notes, des journaux intimes, des documents financiers et des souvenirs renseignant sur l'histoire de la famille, la Young Women's Christian Association et le Ottawa Ladies College.

YOUNG WOMEN'S CHRISTIAN ASSOCIATION   MG 28, I 198
OF CANADA
(fondée en 1893)

La Young Women's Christian Association (YWCA) a vu le jour en Angleterre en 1855 et plusieurs associations locales canadiennes existaient déjà quand, en 1893, il fut question de mettre sur pied un organisme national de coordination. Imprégné de l'idéologie du protestantisme évangélique, le YWCA fournissait des chambres, organisait des loisirs, des cours et d'autres services pour les jeunes filles célibataires en quête d'emplois dans les centres urbains. Fort de ses nombreux programmes et des pressions qu'il exerce pour améliorer la situation économique, sociale et juridique des femmes au Canada, le YWCA s'est taillé une place de premier plan dans le mouvement des femmes.

Originaux, 1870-1985, 21,8 m. Instrument de recherche 926.

Procès-verbaux, rapports annuels et documents connexes; archives de congrès; documents financiers; périodiques, 1900-1966; procès-verbaux et autres documents sur l'immigration, les affaires publiques, la fraternité mondiale et autres comités; dossiers-matière contenant des documents historiques et un certain nombre d'études sur les jeunes femmes, telles que la « Teenage Wives Study », 1963-1964; dossiers de séminaires et de congrès; documents relatifs aux programmes; recueils de chansons et albums de coupures, 1891-1968; documents relatifs à l'organisation internationale du YWCA; autres documents.

AUTRES PUBLICATIONS DES ARCHIVES NATIONALES UTILES À L'ÉTUDE DE L'HISTOIRE DES FEMMES

L'Archiviste, vol. 14 n° 1 (janvier-février 1987, numéro sur les femmes de carrières libérales et commerciales au Canada)

Birkett, Patricia. *Répertoire de registres paroissiaux 1986* (1987)

Catalogue collectif des documents sonores de langue française 1916-1950 (1981)

Catalogue collectif des manuscrits conservés dans les dépôts d'archives canadiens (cinq volumes, 1975-1982)

Catalogue de recensements sur microfilm, 1666-1891 (1987)

Collection de guides généraux 1983 (répertoires des fonds d'archives des différentes divisions des Archives nationales)

Dick, Ernest J. *Catalogue des fonds sur la Société Radio-Canada déposés aux Archives publiques 1936-1986* (1987)

Guide des archives littéraires (1988)

Guide des archives photographiques canadiennes (1984)

Guide des sources d'archives sur le Canada français au Canada (1975)

Guide des sources généalogiques au Canada (1988)

Instruments de recherche sur microfiches (Série des instruments de recherche de la Division des manuscrits)

Inventaire des collections des Archives nationales du film, de la télévision et de l'enregistrement sonore (1983)

Laine, Edward W. *Archival Sources for the Study of Finnish Canadians* (1989)

L'Espérance, Jeanne. *Vers des horizons nouveaux : la femme canadienne de 1870 à 1940* (catalogue d'exposition, 1982)

Momryk, Myron. *Guide des sources d'archives sur les Canadiens ukrainiens* (1984)

Smart, John. *Archives du ministère du Travail : Collection de l'inventaire général de la Division des archives gouvernementales* (1989)

Tapper, Lawrence F. *Sources d'archives sur les Juifs canadiens* (1987)

Les chercheurs doivent également connaître un répertoire utile des fonds d'archives sur les femmes conservés à la Division des manuscrits. Ce répertoire, rédigé par Heather Rielly et Marilyn Hindmarch, s'intitule *Some sources for Women's History in the Public Archives of Canada: National Museum of Man Mercury Series Paper N° 5 (1974)*. Il est particulièrement utile pour localiser les fonds en anglais antérieurs à la Confédération; les fonds en français ne sont pas inclus dans ce livre.

INDEX

Bien-être social 31, 78
Bird, Florence Bayard (Rhein) 17
Birmingham (Angleterre) 21
Black, George 18
Black, Martha Louise (Munger) 18
Bloemfontein (Afrique du Sud) 64
Boarding and Day School for Young Ladies, Dundas (Ontario) 20
Bobak, Molly 71
Bolt, Carol 18
Boston (Massachusetts) 20, 51
Bourgeoys, Marguerite 19
Bowles, Mary (MacLeod) 37
Brésil 72
Brewster, Elizabeth 19
British Columbia Security Commission 58
British Committee for Relief (Pologne) 48
British Women's Emigration Association 49, 82
Brittain, Vera 38
Brockville (Ontario) 65
Bronson Company, Ottawa (Ontario) 19
Bronson, Ella Webster 20
Bronson, Isabel Editha 20
Bronson, Margaret Webster 20
Bronson, Marjorie A. 20
Bronson, Nellie M. 20
Bruneau, Julie 73
Bucarest (Roumanie) 34
Buchanan (Saskatchewan) 77
Buchanan, Agnes (Jarvie) 20
Buchanan, Isaac et famille 20
Bury (Québec) 90
Business and Professional Woman, The 41
Byles, famille 20

Caddick, Helen 21
Calgary (Alberta) 33
Callwood, June 21
Cambridge, Mary 94
Campagnolo, Iona 75
Camp Fire Girls 22
Canada. Commission des prix et du commerce en temps de guerre 9, 13, 25, 80, 81
Canada. Ministère de la Consommation et des Corporations 71
Canada. Ministère des Affaires extérieures 62, 72
Canada. Ministère du Travail 48, 84
Canada. Ministère du Travail. Service sélectif national, Division féminine 43

Dominion Alliance for the Suppression of the Liquor Trade 38
Dominion Drama Festival 84
Dougall, famille 38
Dougall, Lily 38
Droit de vote des femmes 32, 34
Dundas (Ontario) 20
Duplessis de l'Enfant-Jésus, mère 54
Duplessis de Sainte-Hélène, mère 54
Duvernay, Julie 38
Duvernay, Ludger 38
Duvernay, Marie-Anne-Julie 38
Duvernay, Marie-Reine (Harnois) 38

Earp, M.S. 38
Eaton, compagnie 84
École nationale de ballet 47
Écosse 47
Edmonton (Alberta) 28, 36
Éducation 75, 91
Église anglicane 22, 56
Église baptiste 21, 22
Église d'Angleterre au Canada 49, 93
Église méthodiste 22
Église presbytérienne 22, 70
Église Unie du Canada 59-60
Elizabeth Fry Society 46, 62, 65, 66
Ellice, Edward 39
Ellice, Katherine Jane (Balfour) 39
Empire Business College 62
Empire Theatre, Toronto (Ontario) 66
Endicott, James G. 39
Endicott, Mary (Austin) 39
Entr'acte 86
Épouses de guerre (1946) 53
États-Unis d'Amérique 55, 62
Expédition Henry Ford pour la paix 91
Exposition nationale canadienne, Toronto (Ontario) 9

Family Welfare Association, Montréal (Québec) 80
Farm Service Corps 10
Federated News 40
Federated Women's Institutes of Canada 10, 13, 40
Fédération canadienne de hockey sur gazon 40-41
Fédération canadienne des clubs de femmes de carrières libérales et
    commerciales 41, 52, 93
Fédération canadienne des femmes diplômées des universités 17, 41, 45,
    65, 80, 81

House of Industry and Refuge, Montréal (Québec) 85
Housser, Frederick Broughton 54
Housser, Yvonne (McKague) 54
Hurtubise HMH, Éditions 86

Île-du-Prince-Édouard 30, 91, 94
Immigrants d'origine allemande 76, 77
Immigration 21, 32, 46, 48, 49, 55, 67, 79, 95
Immigration d'enfants 10, 15-16
Imperial Colonist, The 83
Imperial Order Daughters of the Empire 55, 79, 80, 93
Inde 55
Indiana University 19
Infirmière canadienne, L' 14
Infirmières de l'Ordre de Victoria du Canada 9, 32, 35, 55
Ingéniérie 58-59
Institut féminin de Québec 32
Institut féminin de Saltfleet 94
Institut féminin de Stoney Creek 93
Institut Jeanne d'Arc 42
International Alliance of Women for Suffrage and Citizenship 32
International Centre of Winnipeg 77
International Confederation of Free Trade Unions Women's School 84
Irlande 26, 34, 46, 79
Irwin, P.K. 72
Israël 16, 50
Italie 11
Iverley Settlement, Montréal (Québec) 48

Jackman, May Louise (Newnham) 56
Japanese Canadian Citizens' Association 57
Japon 57, 69
Jenkins, Annie (Lampman) 56
Jenkins, Frank Maurice Stinson 56
Jenkins, Ruth 56
Jeux du Canada 12
John Inglis, compagnie, Toronto (Ontario) 84
Joseph, Abraham 57
Joseph, Fanny David 57
Juives, femmes 16, 50, 57
Junior Theatre, Ottawa (Ontario) 51
Justice for Children 21

Kannasto, Sanna 45
Keenleyside, Jane 66-67
Keppel, Hilda 66
Keppel, Sophia (MacNab) 66

Keppel, Theodora 66
Keppel, William, vicomte Bury 66
Kimberley (Afrique du Sud) 64
Kingston (Ontario) 62
Kitagawa, Muriel (Fujiwara) 57
Kittredge, Belle 58
Klondike 51, 56
Kobrynska, Natalia 59
Kogawa, Joy 69
Kome, Penney 69
Kysilewska, Olena (Simenovych) 58, 94

Labrador 23, 60
Ladies Curling Association 78
Ladies Morning Musical Club, Montréal (Québec) 45
Ladysmith (Colombie-Britannique) 45
La Haye (Hollande) 90
LaMarsh, Judy (Verlyn) 59
Lanctôt, Rolande 88
Langenburg (Saskatchewan) 76
Lapp, Eula (Carscallen) 59
Lapp, révérend Gordon 59
Larnder, Margaret Robinson Montgomery 60
Lasell Seminary 20
Last Post Fund 80
Laurence, Margaret 38
Lawrence, Louise de Kiriline (Flach) 61
League of Nations Society of Canada 93
Learnx Foundation 21
Leeds (Angleterre) 51
Leipzig (Allemagne) 57
Lemieux, Madeleine 82
Lennox, Mary 86
Lesbianisme 37
Ligue de la jeunesse féminine 25
Ligue des droits de la femme 25, 43
Ligue des droits de la personne 25
Lillian and her Vienna Girls 36
Lillian Strachan's Sunshine Girls 36
London (Ontario) 66
Londres (Angleterre) 24, 45, 47, 64, 71
Lucas, Helen 69
Lucas, Louise 61
Lyon, Lois 81

MacBeth, Madge (Lyons) 62
MacDonald, Flora Isabel 62

Montgomery, Lucy Maud 91
Montréal (Québec) 15, 19, 20, 21, 23, 26, 30, 31, 33, 35, 38, 45, 47, 48, 52, 53, 55, 57, 64, 66, 68, 74, 76, 79, 82, 84, 86, 88, 89, 93
Montreal Ladies Benevolent and Protestant Orphans Society 85
Montreal Ladies Benevolent Society 85
Montreal Protestant Orphans' Asylum 85
Montreal Repertory Theatre 51, 84
Montreal Society for the Protection of Women and Children 83
Montreal Standard 9
Moodie, famille 87
Moodie, Susanna (Strickland) 70, 86
Moose Factory (Ontario) 56
Moosonee (Ontario) 56
Morgan, Martha 70
Morton, John 70
Morton, Sarah Ether (Silver) 70
Mountain Playhouse Inc. 84
Murphy, Emily 28
Murphy, Evelyn G. 28
Murray, Joan 71
Murray, Margaret Polson 55

National Advisory Committee for Cooperation in Girls' Work 22
National Ballet Guild Committee 47
National Citizenship Seminar 58
National Defence College, Kingston (Ontario) 63
National Federation of Press Women, États-Unis 28
National Girls' Work Board 60
Nellie's, centre d'hébergement d'urgence pour femmes, Toronto (Ontario) 22
New York (état) 70
New York (New York) 30, 69
Niagara (Ontario) 59
Nielsen, Dorise Winifred (Webber) 66, 71
Nightingale, Florence 56, 64
Northern Canadian Women's Institutes 40
Nouveau-Brunswick 87
Nouveau Parti démocratique du Canada 33, 64, 67
Nouvelle-Écosse 34, 62, 69, 76

Œuvre des livres gratuits 35
Office national du film du Canada 27, 72
Ohio (États-Unis) 30
Oliphant, Betty 47
Ontario 10, 24, 25, 40, 44, 59, 67, 73
Ontario Agricultural Cooperative Movement 66
Organisation internationale des femmes sionistes 16, 51

Pologne 47
Pontbriand, Mgr de 54
Popp, Mary 76
Pornographie 29
Port Arthur (Ontario) 58
Prague (Tchécoslovaquie) 11
Pratt, Mary 71
Prevost, sir George 76
Prince Albert (Saskatchewan) 56
Prince Albert (Territoires du Nord-Ouest) 69
Pritchard, Martha 70
Programme de prêts-bourses Maude Abbott 43
Projet de tricot de Toronto pour les enfants vietnamiens 90
Protestant Orphan's Home, St. Catharines (Ontario) 35
Provincial Freeman 24
Prusse-Orientale 77

Québec (province) 25, 35, 43, 50, 52, 66, 73, 82
Québec (Québec) 30, 35, 37, 47, 64, 75, 79
Quill and Quire 37

Radcliffe College 19
Radio-Canada 9, 17, 18, 37, 68, 78
Ramezay, famille 76
Ramezay, Louise de 77
Rébellion du Nord-Ouest (1885) 63
Recettes de cuisine 44, 57
Red Deer (Alberta) 59
Regina (Saskatchewan) 27
Reid, Grace 77
Religion 19, 21, 26, 34, 38, 57, 58, 91
Rideau Hall, Ottawa (Ontario) 26
Robert McLaughlin Gallery, Oshawa (Ontario) 71
Rochette, Edgar 25
Roeder, Sonja (Arndt) 77
Rome (Italie) 45
Rotenberg, Mattie 77
Rowley, R. Kent 73
Roy, Gabrielle 82
Royal Caledonian Curling Club, section canadienne 78
Royal Canadian Academy of Arts 54
Royal College of Music, Londres (Angleterre) 45
Royal Observer Corps 53
Rule, Jane 38
Russell, Olive Ruth 78
Russie 34, 61

Soins infirmiers 34, 63, 64, 76
Soroptomist Club of Toronto 10
South African Colonization Society 82
South Porcupine Consumers Co-op Credit Union 67
Spector, John Jacob 83
Springford, Norma 83
St-Bruno Boys' and Girls' Cottage School 48
St-Bruno (Québec) 48
St. Catharines (Ontario) 50
St. John (Nouveau-Brunswick) 83
St. Paul (Minnesota) 37
Stoney Creek (Ontario) 40, 93
Stowe-Gullen, Augusta 28
Stratford, festival de 51
Strathroy (Ontario) 58
Streamline Girls 36
Strickland, famille 87
Strickland, Agnes 87
Strickland, Elizabeth 87
Strickland, famille 87
Strickland, Jane 87
Strickland, Samuel 86
Student Christian Movement 39
Success Business College, Winnipeg (Manitoba) 77
Suède 61
Sufrin, Eileen (Tallman) 84
Suisse 11, 47
Summerhill Homes, Montréal (Québec) 85
Sunshine girls de Lillian Strachan, les 36
Sweetsburg (Québec) 48
Syndicalisme 85
Syndicat des communications Canada 85
Syndrome immuno-déficitaire acquis (SIDA) 22

Tallman, Eileen 84
Tarmola (Ontario) 44
Teenage Wives Study (YWCA) 95
Terre-Neuve 32, 49, 92
Thériault, Marie José 86
Toronto (Ontario) 9-10, 14, 21-22, 33, 34, 37, 44, 47, 49, 54, 55, 57, 59, 60,
    67, 71, 74, 77, 78, 80, 81, 84, 87, 89, 92
Toronto Finnish Women's Division, CPC/WLL 45
Toronto Girls' Work Board 60
Toronto Ladies Club 93
Toronto Mail and Empire 29
Toronto Peace Council 74
Toronto Theosophical Society 54

Vautelet, Renée (Geoffrion) 89
Vernon, A.L. 49
Victoria (Colombie-Britannique) 21, 24, 37, 72
Vienne (Autriche) 45
Vietnam, guerre du 69
Voix des femmes 27, 42, 89
Volunteer Nurses 20

Waddington, Miriam 90
Wales, Julia Grace 90
War Savings Certificate National Committee 89
Weber, Ephraim 91
Weiland, Joyce 71
Wesleyan Female College, Dundas (Ontario) 20
Westcott Papineau, Mary Eleanor 91
Wheeler, Annie 92
White, Fanny 81
White, John 92
White, Marianne 92
Whitton, Charlotte Elizabeth 28, 31, 92
Whitworth-Aylmer, Louisa Anne 15
Williamson, Amelia C. (Shadd) 25
Wilson, Cairine Reay (Mackay) 66, 93
Wilson, Ethel 38
Winchester (Ontario) 16
Windsor (Ontario) 67
Winnipeg (Manitoba) 11, 21, 36, 40, 42, 49, 60, 69, 75, 77, 80, 90, 94
Winnipeg Kiddies 36
Winona (Ontario) 11
Wiseman, Adele 69
Woman's Christian Temperance Union 34, 38, 81
Woman's Missionary Society 60, 75
Women and the Earliest Days of the NFB (1975) 27
Women for Political Action 22
Women's Ad Club 10
Women's College Hospital 35
Women's Historical Association, Montréal (Québec) 35
Women's Institute of Saltfleet 93
Women's Institute of South Wentworth 93
Women's Institute of Stoney Creek 40, 93
Women's International League for Peace and Freedom 66
Women's Labour League de Tarmola (Ontario) 44
Women's Labour League de Toronto 45
Women's Labour Leagues 44
Women's Migration and Overseas Appointment Society 82
Women's Model Parliament 77
Women's News Service 28

WOMEN'S ARCHIVES GUIDE: MANUSCRIPT SOURCES FOR THE HISTORY OF WOMEN

Joanna Dean and David Fraser

National Archives   Archives nationales
of Canada   du Canada

Canadian Cataloguing in Publication Data

National Archives of Canada.
  Women's archives guide
Text in English and French with French text on inverted pages.
Title on added t.p.: Guide des Archives sur les femmes.
Includes index.
DSS cat. no. SA2-216/1991
ISBN 0-662-58074-5
1. Women—Canada—History—Sources—Bibliography—Catalogs.
2. Women—Canada—History—Manuscripts—Catalogs.
3. National Archives of Canada. Manuscript Division—Catalogs.
I. Dean, Joanna. II. Fraser, David. III. Title. IV. Title: Guide des archives
sur les femmes.

Z7964.C3N37 1991 016.3054'0971 C91-099202-9E

National Archives of Canada
395 Wellington Street
Ottawa, Ontario
K1A 0N3
(613)995-5138

This publication is printed on alkaline paper.

TABLE OF CONTENTS

FOREWORD

This thematic guide, produced by the National Archives of Canada, has been designed to acquaint researchers and the general public with a description of our archival resources relating to the women's archives collections in the Manuscript Division. Since 1872, this institution — the nation's repository for its archival heritage — has acquired and preserved historical documentation from a variety of individuals, religious and ethnic groups, associations, private corporate bodies and the federal government that has been judged to be historically significant to our national past.

Our holdings reflect all aspects of the rich diversity in our Canadian life and experience, and document the measure of our national achievements. The women's archives collections listed in this *Guide* are varied and reflect the important role of women in the social, cultural, economic and political development of Canada. Researchers will find many references to women's organizations and to the papers of Canadian women ranging from prominent politicians and noted public figures to individuals known only in their communities. All have made an important contribution to the nation, and their records, entrusted to our care, will be treasured by future generations of Canadians interested in knowing about their precious heritage.

Jean-Pierre Wallot
National Archivist of Canada

INTRODUCTION

As this *Guide* makes its appearance, it is safe to say that women's history has firmly established itself in the Canadian historical scene. Gone is the need to preface each article, book or thesis with a statement justifying women's history as a subject. As with other approaches to social history, such as class, ethnic origin and region, there is now widespread acceptance of the legitimacy of gender in historical analysis. Also accepted is the validity of topics that would once have been regarded as unimportant, such as women in the fur trade, birth control, home economics and household technology. University courses and conferences regularly feature women's history; there is a growing body of popular and academic literature on the history of Canadian women, as well as reference works such as bibliographies; and books relating to women's history are receiving awards.

Manuscript Division: Women's Archives Collections

Canadian archives have in varying degrees tried to keep pace with the growing interest in women's history. The National Archives of Canada's Manuscript Division (which collects textual and machine-readable records from private sources) established a long-term project to collect women's archives in the early 1970s as part of a major program to acquire and preserve nationally significant records on many aspects of Canadian society. In addition to women's history, archival projects were established to document the labour movement, ethnic communities, children and youth, sports, business, medicine, science and technology, and the arts. Significant, albeit haphazard, collecting of sources for women's history had in fact taken place before the inauguration of the women's archives project. For example, the National Council of Women of Canada, a major umbrella group founded in 1893, started transferring its records to the National Archives in 1923. There often were, however, inadequacies in archival description that obscured the value of collections for women's history. As interest in women's history increased, the National Archives was, from time to time, and with reason, criticized for having buried women's papers in the collections of their husbands or other male relations.

The women's archives project is directly responsible for acquiring over 100 manuscript collections, both the records of organizations and the papers of individuals, which occupy over 300 metres of shelf space. The emphasis is on collections deemed to be of national significance. Many aspects of women's historical experience are documented, including feminism and women's organizations; family, social and domestic life; wage labour; organizations for girls and young women; rural and pioneer life; social work and services; pacifism; business and professional life; and benevolent societies.

The Women's Archives has strong links with other collections in the Manuscript Division and elsewhere in the National Archives. The papers of women politicians and public figures, records of women's ethnic and sports organizations, and papers relating to women in the arts, journalism, medicine and the labour movement, to take a few examples, all complement and support the collections acquired through the women's archives project. Also held by the Manuscript Division are official records copied in France relating to the pre-Conquest period (Manuscript Groups [MG] 1 to 7) and pre-Confederation records of the governments of Quebec, Upper Canada, Lower Canada, and the Province of Canada (Record Groups [RG] 1 to 7 and 14); these are central sources for the pre-1867 period, and material on the history of women may be found in several series. Similarly, the papers of prime ministers (MG 26) are also a key source, and often include files on subjects pertinent to women's history and correspondence from women's organizations and individual women. Outside the Manuscript Division, the Government Archives Division, which is responsible for the records of the Government of Canada, holds several important sets of records that complement the private sources: for example, Labour Canada and its Women's Bureau (RG 27), the Child and Maternal Health Division of National Health and Welfare (RG 29), census returns, and the Royal Commission on the Status of Women in Canada (RG 33). As well, the holdings of other divisions of the National Archives include documentary art, photographs, films, audio and video recordings, and other non-manuscript documentation useful for women's history.

One of the accomplishments of the women's archives project has been the creation of an extensive, but unpublished, thematic guide to women's history collections held by the Manuscript Division. This thematic guide is available in the National Archives' Main Reference Room as Finding Aid 1069, "Post-Confederation Sources in Manuscripts for the History of Women."

How to Use the *Guide*

Scope

It should be kept in mind that this *Guide* lists only manuscript collections and does not attempt to describe official records of the federal government or non-manuscript media. Moreover, the *Guide* is **not** a definitive listing but rather a select and largely representative sampling of the post-Confederation women's history holdings of the Manuscript Division. There has not yet been a complete search of our pre-Confederation collections for sources for women's history; the *Guide* therefore under-represents earlier materials and should not be regarded as comprehensive for the pre-1867 period.

The Entries

The entries in the *Guide* are in alphabetical order by collection title and are organized according to the following format:

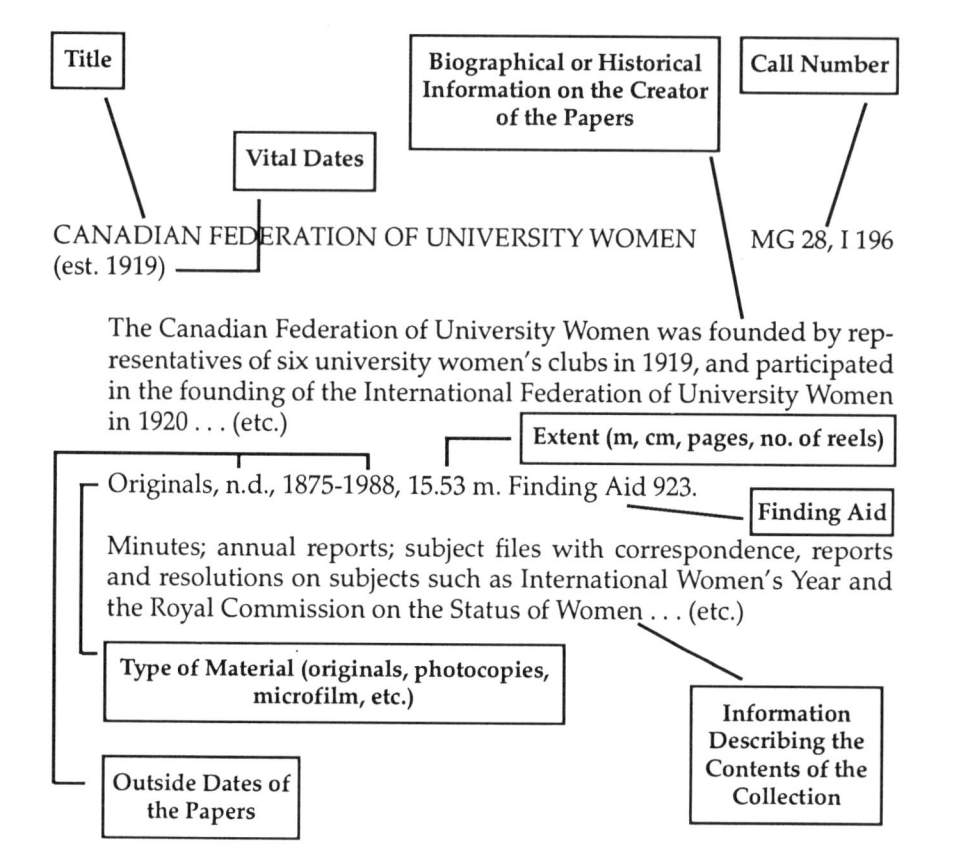

The "Outside Dates" and the figures given for "Extent" are for the entire collection. However, in cases where only a portion of the collection is useful for women's history, the descriptive paragraph focuses on this portion.

Each entry will refer the researcher to one or two more detailed descriptions of the collection. Each collection has an inventory, accessible through the "Call Number," which will give an overview of the entire collection (usually with more detail than the *Guide* entry). Larger collections generally have a detailed finding aid as well, usually in the form of a file list. The entries provide the finding aid number where one is available.

Index

Access to the *Guide* entries is facilitated by an index of personal names, organizations, places and subjects. A researcher using the index to locate information on, for instance, the Young Women's Christian Association of Canada, will be referred not only to the records of the YWCA itself but also to other collections containing information on the YWCA.

3

Consulting the Collections

If you are interested in consulting collections listed in this guide, it is generally advisable to write or telephone ahead. Although most collections are open for research purposes, some have restrictions requiring that researchers obtain a letter authorizing access. Furthermore, some collections are stored outside the Archives' main building, and must be ordered several hours or a day in advance. If sufficient notice and information are given, material stored off-site can be brought to the Search Room in our main building before you arrive for your research visit.

Since many donor organizations continue to send their files at regular intervals, many collections contain a significant proportion of in-process material that has not yet been properly arranged and described in a finding aid. Researchers who wish to consult in-process material should contact the responsible archivist before their visit for more information.

For many research projects, a fair amount of work can be done before (or even without) travelling to the Archives. Most finding aids and all inventories prepared before December 1986 are available on microfiche for purchase or on inter-library loan. Some collections are available in whole or in part on microfilm, and may be borrowed through the inter-library loan arrangement.

For further information on the collections, please contact:

Reference and Researcher Services Division
Public Programs Branch
National Archives of Canada
395 Wellington Street
Ottawa, Ontario
K1A 0N3
(613)995-8094

Inquiries about the donation of collections may be directed to:

Social and Cultural Archives Program
Manuscript Division
Historical Resources Branch
National Archives of Canada
395 Wellington Street
Ottawa, Ontario
K1A 0N3
(613)996-7368

Acknowledgements

Thanks are due to several colleagues who have assisted and advised in the preparation of this *Guide,* notably Robert Albota, John Bell, Victorin Chabot, Judith Cumming, Peter DeLottinville, Anne Goddard, Patricia Kennedy, Andrée Lavoie, Candace Loewen, Myron Momryk and Sheila Powell. Much of the research used in selecting pre-Confederation entries was drawn from Marilyn Hindmarch and Heather Riley's *Some Sources for Women's History in the Public Archives of Canada* (Ottawa: National Museum of Man, 1974). We would also like to acknowledge the staff of the Public Programs Branch for the editing and production of this publication.

David Fraser
Manuscript Division

RESEARCH AT THE NATIONAL ARCHIVES OF CANADA

One of Canada's oldest cultural agencies, the National Archives of Canada was established in 1872. Serving as the collective memory of our nation, the Archives collections enhance our sense of national history and identity. This is achieved by acquiring, describing and preserving significant archival material relating to Canadian life — literally millions of manuscripts, photographs, films, maps, audio and video recordings, books, paintings, drawings, prints and electronic and other records.

The National Archives is located at 395 Wellington Street, in Ottawa, and its staff can be consulted on weekdays between 8:30 a.m. and 4:45 p.m. Researchers must register in person in the Reference Room (Room 339) and obtain a valid pass in order to consult archival material. Passes are nontransferable. The Reading Room is open to registered researchers 24 hours a day, 7 days a week. A researcher wishing to obtain archival material for consultation after office hours may make arrangements to have material placed in a locker. Self-service microfilm is available in the Reading Room.

WOMEN'S HISTORICAL COLLECTIONS IN THE MANUSCRIPT DIVISION

ABERDEEN, John Campbell Hamilton Gordon, Seventh   MG 27, I B 5
Earl of (1847-1934), and Lady Ishbel Aberdeen (1857-1939)

Lady Aberdeen worked closely with her husband, Lord Aberdeen, in his role as Governor General of Canada, 18 September 1893 - 11 November 1898. She founded the Victorian Order of Nurses and the Aberdeen Association, an organization that distributed literature to Canadian settlers. As the first president of the National Council of Women of Canada she gave public addresses and organized women across Canada. She was active in numerous philanthropic organizations, including the Ottawa Maternity Hospital.

Originals, 1890-1939, 1.85 m; microfilm, 1883-1898, 5 reels, A-823 to A-827. Finding Aid 1.

Correspondence, largely dating from Lord Aberdeen's term as Governor General, including letters from Sir Wilfrid Laurier, W.L. Mackenzie King, and other leading political figures; Lady Aberdeen's journals describing the Aberdeens' activities, their children, political events, people met and places visited; scrapbooks of newspaper clippings concerning the Aberdeens' activities and public addresses as well as political and social events; subject files, including material regarding the Aberdeen Association and speeches for the National Council of Women; other material. Lady Aberdeen's journals are also available on microfilm, reels C-1352 to C-1355A.

AITKEN, Kate Scott (1891-1971)   MG 30, D 206

As director of women's activities for the Canadian National Exhibition, Toronto, Kate Aitken conducted cooking schools from 1923 to 1952. She wrote and produced a homemaking/general news show for CFRB and later the Canadian Broadcasting Corporation for over 23 years, and went on five world tours for radio. During World War II Aitken was appointed Supervisor of Conservation for the Wartime Prices and Trade Board and became famous for her "Make Over and Make Do" workshops. She was an editor of the *Montreal Standard* for ten years and a regular feature writer for *Chatelaine*, the *Globe and Mail* and *Maclean's*. After 1955 she retired from radio and wrote more than two dozen books on cooking, travel and etiquette, and two autobiographies. She was active in women's and professional organizations such as the Federated Women's Institutes of Canada and the Toronto Branch of the Canadian Women's Press Club.

Originals, 1907-1973, 7.1 m. Finding Aid 1299.

Material on organizations such as the Toronto Business and Professional Women's Club, the Soroptomist Club of Toronto, the Toronto Branch of the Canadian Women's Press Club, and the Women's Ad Club; business and personal correspondence; financial material; subject files pertaining largely to her world tours; typescripts of newspaper and magazine articles and extensive broadcast scripts; printed material; clippings and scrapbooks.

ALEXANDER, Charlotte A. (fl. 1885-1893)   MG 29, C 58

Charlotte Alexander worked 1885-1893 under the auspices of various charitable organizations assisting young girls to emigrate from England to Canada. Alexander found adoptive homes for the younger girls and service jobs for the older ones. She took a personal interest in the welfare of the girls and made several trips to Canada to interview persons with whom they had been placed.

Originals, 1885-1893, 25 cm.

Correspondence regarding the children and young women Alexander assisted, including references and letters from prospective adoptive parents, letters from the girls themselves, and reports from families who took the girls; indexed register containing summaries of cases.

ALLAN, Lois (fl. 1918-1979)   MG 30, C 173

Lois Allan, a student at Queen's University, worked during the summer of 1918 with the Farm Service Corps in the Winona (Ontario) Camp. The Farm Service Corps was part of a program of summer farm employment designed to alleviate the rural labour shortage during World War I.

Original, 1918, 1 cm.

Allan's scrapbook/diary, which conveys the holiday atmosphere at the Winona Camp, with numerous photographs and camp songs.

AMALGAMATED CLOTHING AND TEXTILE   MG 28, I 219
WORKERS UNION, Textile Division (est. 1945)

In an effort to expand and consolidate union organization in the textile industry, which has traditionally employed large numbers of women, the Canadian Congress of Labour asked the Textile Workers Union of America (TWUA) to come to Canada in 1945. The TWUA quickly became the largest textile workers' union in Canada, with contracts for workers employed in major mills such as Canadian Cottons plants in Ontario and New Brunswick, Cortaulds Ltd. in

Cornwall and Monarch Knitting Mills in Toronto. In 1976 the TWUA merged with Amalgamated Clothing Workers of America to form the Amalgamated Clothing and Textile Workers Union.

Originals, n.d., 1920-1986, 76.24 m. Finding Aid 1110.

Records include material pertaining to conferences; national office circulars; minutes; correspondence and reports of staff conferences; files on the Joint Boards of the TWUA; files on the Canadian locals; material relating to organizing campaigns; organizers' reports and staff files; material relating to the International Office and other labour organizations; subject files; staff union records; financial records and publications.

ANDREW FLECK CHILD CENTRE, Ottawa, Ontario   MG 28, I 392
(est. 1911)

The Ottawa Day Nursery, as the centre was first known, was established in 1911 to provide child care services for working mothers. Originally part of Settlement House, it became independent in 1916. The Nursery started three clinics for children and parents: one for eye, ear, nose and throat disorders; one for sick children; and one for blood and nerve diseases, including the treatment of venereal disease. A sewing committee established in 1931 made clothing for the children in the nursery. Charges for child care were adjusted to income and the nursery was funded by charitable donations and grants from the City of Ottawa. A bequest by Mrs. Andrew Fleck in 1932 funded construction of a new building. The present name was adopted in 1970.

Originals, 1913, 1916-1982, 63 cm.

Pamphlet ("History of the Ottawa Day Nursery"); annual reports; minutes of the day nursery committee and board of management; financial records; day nursery reports, including user statistics, housekeeping records, clinic records and information on staff wages; records of the corresponding secretary; sewing committee records; scrapbooks; other records.

ANTONOVYCH, Kateryna (1887-1975)   MG 31, H 50

Kateryna Antonovych was a Ukrainian artist from a politically active family. She studied in Italy, Switzerland, Germany and France, emigrated to Prague in 1923, and joined her daughter in Winnipeg in 1949. She opened an art school in 1954 and exhibited her art across North America. She contributed to the Ukrainian press and was an active member of several Ukrainian academic, community and women's organizations.

Originals, 1902-1975, 1.86 m. Finding Aid 1517.

Papers, including autobiographical notes, documenting Antonovych's career as an artist and writer; biographical notes on leading Ukrainian men and women; published articles and drafts; material on Ukrainian organizations, including the Alpha Omega Women's Alumnae, the World Federation of Ukrainian Women's Organizations and the Ukrainian Women's Association of Canada; material on Ukrainian art history; correspondence; art school records; scrapbooks.

ASSOCIATION FOR THE REVIEW OF CANADIAN   MG 28, I 350
ABORTION LAWS (est. 1966)

The Association for the Modernization of Canadian Abortion Laws (AMCAL) was established in Ottawa to lobby the federal government for the liberalization of the abortion laws and to promote public understanding of such issues as abortion, birth control and sex education. AMCAL also provided counselling and referral services for pregnant women. AMCAL changed its name in 1970 to the Association for the Repeal of Canadian Abortion Laws, and adopted its present name in 1971.

Originals, n.d., 1956-1978, 1.30 m. Finding Aid 1495.

Administrative files, correspondence, questionnaires, lobbying and publicity material, resource files, clippings, printed material.

AYLMER, Matthew Whitworth-Aylmer, Fifth Baron   MG 24, A 43
(1775-1850), and Family

Louisa Anne Call (d. 1862) married Matthew Whitworth-Aylmer in 1801. They lived in Canada 1830-1835, when Lord Aylmer was administrator of Lower Canada and governor-in-chief of Upper and Lower Canada. Lady Aylmer was active in many charitable organizations.

Originals, 1830, 7 parchments; photocopies, 1831-1832, 174 pages.

Consists almost entirely of a typescript entitled "Recollections of Canada, 1831," compiled by Lady Aylmer. The text was possibly prepared for publication, and is composed primarily of extracts from Quebec newspapers and of copies of her letters to relatives and friends in England, with commentary on climate, customs, cuisine, language and history. There are references to the Orphan School, the Benevolent Society, and the Committee of Ladies who directed the Female Orphan Asylum (all in Montreal).

BAGNELL, Kenneth (b. 1934)   MG 31, K 29

Kenneth Bagnell is the author of *The Little Immigrants: The Orphans Who Came to Canada* (1980), a popular history of the immigration schemes, such as Barnardo's, that brought children to Canada from the late nineteenth to the mid-twentieth century. His correspondence and interviews with former child immigrants, their relatives and others involved in these programs provide information about the experiences of the girls and boys: their separation from parents and siblings, their training, and their reception by Canadian families and society.

Originals, n.d., 1867-1986, 70 cm. Finding Aid 1683.

Correspondence and interview notes, including correspondence with and about former child immigrants and individuals who worked for agencies sponsoring child immigration; research materials and related correspondence and notes; manuscripts and files on the initial planning and publicity of *The Little Immigrants*. Audiotapes of interviews are held by the Moving Image and Sound Archives Division of the National Archives of Canada.

BALINSKY, Clara (b. 1924)   MG 31, H 127

Clara Balinsky emigrated from the Ukraine with her parents and became a leader in the Canadian Jewish community. She was the national president of the Hadassah-WIZO Organization of Canada, 1976-1980, and established the Public Affairs Department, which focused on the welfare of Jews in the Soviet Union and elsewhere outside Israel. She was also involved in numerous cultural and educational projects.

Originals, 1968-1982, 3.8 m. Finding Aid 1439.

Personal records concerning the Canadian Hadassah-WIZO, World WIZO, United Nations Theme Years, and Canadian Friends of the Hebrew University; material relating to education, Jewish culture, and associated Jewish organizations and conferences; personal correspondence and papers; publications.

BEACH FOUNDRY LIMITED, Winchester and   MG 28, III 17
Ottawa, Ontario (1894-1980)

The production of home appliances at Beach Foundry Ltd. reflected the rapidly changing domestic technology in the early twentieth century that had a significant impact on women's household labour. The company initially produced coal and wood ranges, heaters and fur-

naces for the local market in Winchester, Ontario. In 1914 the company relocated to nearby Ottawa and was competing in the national market by 1920, introducing a new line of gas, electric and combination ranges in 1925 and refrigerators in 1934. Water heaters and warm air furnaces were also produced.

Originals, n.d., 1908-1980, 2.9 m. Photocopies, n.d., 1 cm. Finding Aid 1423.

Trade literature and advertising describing the company's products and documenting marketing strategies such as brochures, leaflets, pamphlets, trade catalogues, broadsides, price lists and advertising copy; company history and related documents; other business records.

BELL, Ruth Marion (Rolph) (b. 1919)   MG 31, K 22

A political scientist and active Progressive Conservative (PC) Party member, Ruth Bell (née Cooper) is best known for her work for women's organizations. She was active in the Canadian and International Federations of University Women (CFUW, IFUW) and served on the executive committee of the National Action Committee on the Status of Women (NACSW) (1975-1978). She helped establish MATCH International Centre, an organization that seeks to integrate women into programs for Third World development, and served as a director of MATCH, 1976-1979, and from 1981. Bell has participated in the Canadian Commission for UNESCO, focusing on women's issues. She has also been active in several organizations concerned with children, youth and education, including the Young Men's/Young Women's Christian Association (YMCA/YWCA) and the Forum for Young Canadians (FYC).

Originals, n.d., 1927-1984, 7.78 m. Finding Aid 1534.

Bell's papers document her professional and volunteer careers and include material on the CFUW, IFUW, NACSW, MATCH International Centre, Canadian Commission for UNESCO, Canadian Commission for the International Year of the Child, National Council of YMCA's, Ottawa YM/YWCA, FYC, National Voluntary Organizations, Canadian Association for Adult Education, PC Party.

BIRD, Florence Bayard (Anne Francis) (b. 1908)   MG 31, D 63

Florence Bird (née Rhein) was born in Philadelphia. She married in 1928 and immigrated to Canada, where she established herself as a writer and broadcaster. From 1946 Bird was a news commentator for the Canadian Broadcasting Corporation, and also produced

documentaries on women's rights and international affairs. In 1967 she was appointed chairman of the Royal Commission on the Status of Women. Bird was appointed to the Senate in 1977. She has written two books — *Anne Francis: An Autobiography* (1974) and *Holiday in the Woods* (1976).

Originals, 1897, 1917-1982, 2.13 m. Finding Aid 967.

Broadcast scripts and notes; articles, pamphlets and speeches; awards and honorary degrees; notes, correspondence and clippings on the Royal Commission on the Status of Women; material concerning her autobiography; manuscripts, including drafts for six novels and 25 short stories; clippings pertaining to her Senate appointment; other personal papers.

BLACK, Martha Louise (1866-1957)   MG 30, C 46

Martha Purdy (née Munger) left Chicago in 1898 to join the Klondike gold rush and returned to the North in 1901 to open a sawmill. In 1904 she married George Black, a lawyer who was appointed commissioner of the Yukon (1912-1916) and elected the Yukon's member of Parliament in 1921. She was awarded the Order of the British Empire for her aid to Yukon servicemen in World War I and became a fellow of the Royal Geographical Society for her work with Yukon flora. Black was the second woman to be elected to the House of Commons when she ran in her husband's place in the 1935 federal election. She is the author of *Yukon Wild Flowers* (1936), *My Seventy Years* (1938) and *My Ninety Years*, published posthumously in 1976.

Originals, 1950-1957, 46 pages; photocopies, 1940-1965, 24 pages; microfilm, 1916-1939, 1 reel, M-536.

Scrapbook containing clippings relating to life in the North, the experiences of Yukon women and men during World War I, and the political careers of Martha and George Black; correspondence concerning Yukon life and politics; articles on Martha Black, 1940-1965.

BOLT, Carol (b. 1941)   MG 31, D 89

Carol Bolt is a dramatist well known for her political, women's and children's plays. Her best-known plays are *One Night Stand* (1977), *Buffalo Jump* (produced 1971, published 1972), *Red Emma — Queen of the Anarchists* (1974) and *Shelter* (1975). She was one of the writers of *Fraggle Rock*, a Canadian Broadcasting Corporation children's show. She has worked as a dramaturge and writer-in-residence, gone on reading tours and participated in workshops. She has been involved in several playwrights' associations, including Playwrights Co-op,

which she co-founded in 1972, the Guild of Canadian Playwrights, and Playwrights Canada.

Originals, n.d., c.1963-1988, 6.60 m. Finding Aid 1038.

Scripts and related material; notebooks; miscellaneous manuscripts; correspondence; subject files relating to Bolt's career; theatre programs; clippings.

BOURGEOYS, Marguerite (1620-1700)   MG 18, E 7

Marguerite Bourgeoys, a nun and teacher, founded the Congrégation de Notre-Dame, in Montreal, to educate young girls.

Transcripts, 1697, 59 pages.

Memoirs of Marguerite Bourgeoys, including a selection of personal thoughts, several moral and religious comments and her views on the spirit of the community.

BREWSTER, Elizabeth (b. 1922)   MG 30, D 370

A native of Chipman, New Brunswick, Elizabeth Brewster studied at the University of New Brunswick, Radcliffe College, Indiana University (Ph. D., 1962) and elsewhere. She worked as a librarian in several provinces before joining the faculty of the English Department at the University of Saskatchewan in 1972. Brewster is considered one of Canada's major poets. Her volumes of poetry include *Passage of Summer* (1969), *Sunrise North* (1972), *In Search of Eros* (1974), *Poems* (1977), *The Way Home* (1982) and *Digging* (1982). Brewster has also published novels, such as *The Sisters* (1974), about a girl growing up in the Maritimes, and collections of short stories about women, such as *It's Easy to Fall on the Ice* (1977).

Originals, 1941-1989, 4.65 m. Finding Aid 1819.

Correspondence; manuscripts; manuscript notebooks; diaries; reviews; press clippings; and other material.

BRONSON COMPANY, Ottawa, Ontario   MG 28, III 26

The Bronsons were a prominent Ottawa family involved in lumber and other businesses since the mid-nineteenth century. Family members were active philanthropists, and the women were involved in the Ottawa Maternity Hospital, the Associated Charities and the National Council of Women of Canada.

Originals, n.d., 1809-1974, 69.03 m. Finding Aid 186.

Mostly records relating to the Bronsons' businesses; also family papers and material on local women's and benevolent organizations. Ella Webster Bronson's papers include annual reports, by-laws, speeches, correspondence, notes and other material concerning the Ottawa Maternity Hospital, 1894-1925; printed material on the Ottawa Local Council of Women and the National Council of Women; personal correspondence; clippings and letters relating to the Associated Charities, 1890-1919; correspondence, constitutions and newspaper clippings of the Ottawa Women's Canadian Club; estate material; household accounts. Nellie M. Bronson's papers include estate material, personal finances, miscellaneous business correspondence. Marjorie A. Bronson and Margaret Webster Bronson's papers include personal finances. Isabel Editha Bronson's papers include probate of last will and testament, Lasell Seminary yearbook, a wedding album and a family scrapbook.

BUCHANAN, Isaac (1810-1883) and Family   MG 24, D 16

In 1843 Agnes Buchanan (née Jarvie) (d. 1896) of Glasgow married Isaac Buchanan, a merchant involved in the wholesale-retail business with branches in New York, Glasgow, Montreal, and Hamilton, Ontario. Isaac Buchanan was also a railway promoter and member of the Legislative Assembly of Canada, 1841-1867. The Buchanans had 11 children. Agnes Buchanan was active in benevolent organizations in Hamilton.

Originals, 1813-1883, 12.04 m; microfilm, 1697-1896, reel M-600. Finding Aid 26.

Material collected by Agnes Buchanan, such as the annual report of the Girls' Home of the City of Hamilton, 1880; testimonials concerning the soundness of the Boarding and Day School for Young Ladies in Dundas, 1866; a copy of "An Act to Incorporate the Wesleyan Female College of Dundas"; and information on the Hamilton Ladies' Committee and Volunteer Nurses, 1866.

BYLES FAMILY   MG 23, D 6

Rebecca Byles (1762-1853) fled from Boston to Halifax, Nova Scotia, with her Loyalist father, the Reverend Mather Byles, in 1776. They were accompanied by her sisters Anna (Byles) Desbrisay and Elizabeth (Byles) Scovil ([1767?]-1808) and two brothers. Rebecca Byles married Dr. William Almon of Halifax; four of their children survived infancy.

Transcripts, 1777-1837, 10 cm; microfilm, 1757-1837, 2 reels, M-6520 and M-6521.

Letters from Rebecca Almon to her two paternal aunts, who remained in Boston despite their Loyalist sympathies, represent a substantial portion of the papers. The letters are about family matters, including births, deaths and marriages. They occasionally discuss religion, including the growth of new sects such as Baptist and Unitarian. Also some letters from the other Byles sisters. The transcripts are also available on microfilm, reel H-1564.

CADDICK, Helen (fl. 1891-1892)   MG 29, C 125

Helen Caddick, a resident of Birmingham, England, travelled from Montreal to British Columbia in 1891.

Transcript, 1891, 1 cm.

Excerpt of Caddick's travel diary, with lively descriptions of individuals and places, particularly Montreal, Toronto, Winnipeg, Vancouver and Victoria. She describes the Indian and Chinese communities in British Columbia and comments on the success of friends and relatives who had emigrated from Britain.

CALLWOOD, June (b. 1924)   MG 31, K 24

June Callwood wrote for the Brantford *Expositor* and the *Globe and Mail* before embarking on a career as a freelance writer, journalist and broadcaster. She is the author and ghostwriter of numerous books and is active in many writers' organizations, including The Writers' Union of Canada and the Periodical Writers' Association of Canada. Her writing has reflected her activism on a wide range of issues relating to the women's movement, civil liberties, prison reform, mental health, children and youth. She was a founding member of the Canadian Civil Liberties Association, and also established Digger House, an early Toronto youth hostel; Learnx Foundation, which supported experimental educational programs; Justice for Children; and Jessie's Centre for Teenagers. Her interest in women's issues led her to help establish Women for Political Action; the Canadian Association for the Repeal of Abortion Laws; Nellie's, An Emergency Shelter for Women in Toronto; and Casey House, a hospice for people with Acquired Immune Deficiency Syndrome (AIDS).

Originals, n.d., 1939-1988, 5 m. Finding Aid 1545.

Material relating to Callwood's writing career, including correspondence, agreements, manuscripts and notes; drafts of articles and

broadcast scripts; material on professional organizations; subject files on a wide range of social issues such as abortion, contraception, day care, civil rights and nuclear disarmament; correspondence and other material on Nellie's and related organizations; material on Digger House, organizations for children and youth, prisons and prison reform, the Canadian Civil Liberties Association, the Canadian Mental Health Association, and Casey House. Sound and Video recordings have been transferred to the Moving Image and Sound Archives.

CANADIAN AMATEUR SYNCHRONIZED   MG 28, I 331
SWIMMING ASSOCIATION (est. 1951)

Synchronized swimming became popular among women in the mid-twenties, when it was represented by the Ornamental Swimming Committee of the Canadian Amateur Swimming Association. The Canadian Amateur Synchronized Swimming Association was formed in 1951 to sanction swimmers and meets, to certify coaches and judges and to organize Canada's entries in international events.

Originals, 1951-1981, 3.2 m. Finding Aid 1382.

Minutes, correspondence, financial records, mailing lists, travel permits and staff files; provincial records such as correspondence, minutes, meet results; swimmer registrations and records of competitions, including the Canadian National Championships, American Nationals, Canada Games, Pan-American Games and International Meets; coaches' certification program records; publications.

CANADIAN ASSOCIATION FOR HEALTH,   MG 28, I 153
PHYSICAL EDUCATION AND RECREATION (est. 1933)

The Quebec and Toronto Physical Education Associations established the Canadian Physical Education Association in 1933, and branches were subsequently established in every province. The Canadian Association for Health, Physical Education and Recreation (CAHPER) adopted its present name in 1948 in order to reflect the interests of the members in closely related and frequently overlapping fields. A major subseries of the collection relates to the activities of the Women's Athletic Committee of CAHPER.

Originals, 1933-1979, 19.8 m. Finding Aid 791.

Material relating to the Women's Athletic Committee can be found throughout the CAHPER records, primarily in the Committee files, which include histories, correspondence, reports, ratings, newsletters, financial records, minutes and mailing lists for the basketball, volleyball and other committees.

CANADIAN ASSOCIATION OF CONSUMERS   MG 28, I 200
(est. 1947)

The Canadian Association of Consumers (now the Consumers' Association of Canada) grew out of the cooperation of women's organizations with the Wartime Prices and Trade Board during World War II. The National Council of Women of Canada, the Federated Women's Institutes of Canada and the Young Women's Christian Association were instrumental in creating a voluntary, independent and non-profit association to "develop a more enlightened opinion on economic affairs and consumer interests, and to express this opinion in such a way as to benefit the home, the community and the nation." Until the early 1960s membership was limited to women.

Originals, c. 1941-1982, 15.8 m; photocopies, 1950-1953, 5 cm. Finding Aid 927.

Administrative records such as correspondence, reports, minutes, memoranda, publications, newsletters and publicity material; consumer subject files in such areas as food, housing, services, communications, the environment, automobiles, clothing, health, drugs and safety.

CANADIAN COALITION AGAINST MEDIA   MG 28, I 459
PORNOGRAPHY (1983-1989)

The Canadian Coalition Against Media Pornography (CCAMP) was formed in 1983 following demonstrations and other protests against plans to broadcast *Playboy* shows on a pay-television network. Maude Barlow, an Ottawa-based feminist, figured prominently in this agitation, and she subsequently established the CCAMP and was its first president. The CCAMP's principal activities were lobbying the government and education on the pornography issue. The CCAMP's membership was Canada-wide and consisted of organizations and individuals.

Originals, c. 1978-1989, 2.6 m.

Correspondence, memoranda, reports, newsletters, reference materials, clippings, subject and project files, and other records. Video cassettes and an audio recording have been transferred to the Moving Image and Sound Archives Division of the National Archives.

CANADIAN COMMITTEE ON WOMEN'S HISTORY   MG 28, I 57
(est. 1975)

The Canadian Committee on Women's History is affiliated with the Canadian Historical Association (CHA). Its goals include promoting teaching and research in the field of women's history; disseminating information about sources, current research and publications; encouraging archival preservation of significant source materials; linking Canadian researchers and teachers together and with similar groups in other countries; and monitoring the status of women in the historical profession.

Originals, n.d., 1975-1986, 47 cm. Finding Aid 1255.

Minutes of annual meetings; bulletins to membership; membership files; financial records; correspondence; material on CHA annual meetings, including correspondence and proposals for presentations; a report by the CHA Committee on the Historical Profession on the status of women in history departments in Canadian universities; national archival survey; miscellaneous material, including source material on women's history, conferences, journals and resource centres.

CANADIAN COUNCIL ON SOCIAL DEVELOPMENT   MG 28, I 10
(est. 1920)

The Canadian Council on Social Development is the most comprehensive national association of individuals and groups concerned with social welfare in Canada. It traces its origins to the 1920 formation of the Canadian Council on Child Welfare (which in 1931 became the Canadian Council on Child and Family Welfare). Although originally focused on the welfare of children, mothers and the family, the Council's attention was increasingly directed to a wider range of social issues. This broadening of activities led to the adoption of a more general name, the Canadian Welfare Council, in 1935. Charlotte Whitton was the Council's executive director, 1926-1941. The Council's work has included research, public education, advocacy and fundraising in such areas as aging, housing, health, income security, family law, day care and corrections. In 1971 the current name was adopted.

Originals, 1921-1980, 145 m. Finding Aid 441.

Records of the Canadian Council on Child Welfare and the Canadian Council on Child and Family Welfare, 1921-1934, including correspondence, reports and surveys on issues such as child care and protection, social hygiene and mother's allowances; records of the

Canadian Welfare Council and the Canadian Council on Social Development, 1935-1980, including social welfare surveys, records relating to social work training and personnel, and subject files on child and family welfare, national associations, and governmental and agency programs.

CANADIAN FEDERATION OF BUSINESS AND   MG 28, I 55
PROFESSIONAL WOMEN'S CLUBS (est. 1930)

Although local business and professional women's clubs had been in existence for a number of years, it was not until 1930 that representatives from five clubs met to establish the Canadian Federation of Business and Professional Women's Clubs (CFBPWC). The CFBPWC sought to provide women with equal opportunities and advancement by pressing for legislative change and countering assumptions about the primacy of women's domestic role. By the 1960s the concerns of the federation had expanded and included pay equity, pension and retirement plans, and part-time employment.

Originals, 1930-1982, 12.1 m. Finding Aid 485.

Correspondence; clippings and publications; scrapbooks; minutes of conventions and board meetings; subject files; editor's files for *The Business and Professional Woman*; other administrative records.

CANADIAN FEDERATION OF UNIVERSITY WOMEN   MG 28, I 196
(est. 1919)

The Canadian Federation of University Women (CFUW) was founded by representatives of six university women's clubs in 1919, and participated in the founding of the International Federation of University Women (IFUW) in 1920. The CFUW aims to improve the economic, legal and professional status of Canadian women, to arouse an interest among members in public affairs, and to encourage participation in public affairs by qualified women. It also promotes understanding and cooperation among university women nationally and internationally. During the 1970s the Federation compiled a Roster of Qualified Women to facilitate the advancement of professional women.

Originals, n.d., 1875-1988, 15.53 m. Finding Aid 923.

Minutes; annual reports; subject files with correspondence, reports and resolutions on subjects such as International Women's Year and the Royal Commission on the Status of Women, and on other organizations such as the IFUW, American Association of University Women, National Council of Women of Canada, National Council of

Jewish Women and Voice of Women; information on early women graduates from Canadian universities; newspaper clippings; briefs; club correspondence and reports; material on the Roster of Qualified Women; publications such as the CFUW periodical, the *Chronicle* (1920-1982), and a report by the University Women's Club of Winnipeg on "The Work of Women and Girls in Department Stores in Winnipeg" (1914).

CANADIAN FIELD HOCKEY COUNCIL   MG 28, I 376

Field hockey in Canada has been primarily a girls' sport in schools, but it has been played by both men and women in adult leagues across Canada. The first recorded match in Canada was played by women in Vancouver in 1896, and the Vancouver Ladies Club was formed that year. The first women's field hockey organization in Canada was formed in Vancouver in 1927. In 1962 the Canadian Women's Field Hockey Association was formed to organize nationally and promote the sport outside British Columbia. The Canadian Field Hockey Council is an umbrella organization for the Canadian (men's) Field Hockey Association and the Canadian Women's Field Hockey Association.

Originals, 1963-1983, 23.6 m.

Correspondence, minutes, reports, photographs and scrapbooks of the CWFHA and the British Columbia Women's Field Hockey Federation, largely concerning national and international tournaments; correspondence, minutes, reports and publications on the financial, technical, executive and administrative functions of the CWFHA and the CFHC; president's files.

CANADIAN GIRLS IN TRAINING (est. 1915)   MG 28, I 313

The Canadian Girls in Training (CGIT) is a uniquely Canadian alternative to such movements as the Girl Guides and the Camp Fire Girls. In 1915 the Young Women's Christian Association of Canada, the Sunday School Associations and the Anglican, Baptist, Presbyterian and Methodist Churches established the National Advisory Committee for Cooperation in Girls' Work in an attempt to bring Canadian adolescent girls into a closer relationship with the Protestant churches. The Committee recommended a program in which small groups of twelve- to seventeen-year-old girls would meet during the week under the leadership of their Sunday school teacher. The CGIT used progressive educational theory to promote independent thought, cooperation, research and discussion.

Originals, 1915-1985, 3.95 m. Finding Aid 1342.

Minutes and annual reports; conference material; program and discussion material for leadership training; material pertaining to camps and camping; provincial histories and correspondence relating to the history of the CGIT; printed materials, including pamphlets, handbooks and periodical literature; evaluation forms, questionnaires and research reports; subject files; financial material; scrapbooks.

CANADIAN HOME ECONOMICS ASSOCIATION   MG 28, I 359
(est. 1939)

The Canadian Home Economics Association (CHEA) is a national professional association of home economists. Through its committees, the association has worked to develop professional standards and promote cooperation among individual home economists and local organizations. The association publishes the *CHEA Journal*, the *CHEA Newsletter* and miscellaneous pamphlets.

Originals, n.d., 1906-1984, 15.20 m. Finding Aid 1445.

Correspondence; annual reports; financial material; material concerning the *CHEA Journal* and *Newsletter*; material on memberships, scholarships, committees and member and affiliated associations; briefs to Royal Commissions and Senate inquiries; general subject files; material pertaining to the history of CHEA; CHEA conventions; scrapbooks; publications.

CANADIAN LADIES' GOLF ASSOCIATION (est. 1913)   MG 28, I 154

The Canadian Ladies' Golf Union was established at a women's tournament held by the Royal Canadian Golf Association (RCGA) in 1913, but was inactive during World War I. In 1920 the first annual meeting was held, and in 1924 the Union assumed responsibility for the Ladies Open Championship, previously conducted by the RCGA. In 1967 the name was changed to the Canadian Ladies' Golf Association.

Originals, 1919-1977, 10.25 m. Finding Aid 832.

Minutes, financial records, correspondence, scrapbooks, championships records, general material.

CANADIAN NURSES ASSOCIATION (est. 1908)   MG 28, I 248

The Canadian National Association of Trained Nurses was formed in 1908 in order to raise the status of the nursing profession and improve the quality of nursing care through better education and the licensing of graduates. In 1924 the constitution was rewritten and the name changed to the Canadian Nurses Association (CNA). The editorial board of *The Canadian Nurse* was established in 1905 and remained a separate body until 1965, when it joined the CNA.

Microfilm, 1905-1975, 6 reels, M-4605 to M-4610.

Minutes of executive, general, board of directors, and other meetings; minutes of the editorial board of *The Canadian Nurse.*

CANADIAN WOMEN'S INTERCOLLEGIATE   MG 28, I 312
ATHLETIC UNION (1969-1978)

The Canadian Women's Intercollegiate Athletic Union (CWIAU) was formed to provide a structure through which national intercollegiate championships could be encouraged and conducted. The CWIAU conducted national championships for basketball, gymnastics, swimming and diving, track and field, and volleyball, and assisted in international championships. The Union also assisted athletes, coaches and women's athletics administrators. In 1978 the CWIAU was amalgamated with the reorganized Canadian Interuniversity Athletic Union (CIAU).

Originals, n.d., c. 1946-1947, 1959-1980, 2.01 m.

Records of the formation of the CWIAU; minutes and related material, including agendas, reports, correspondence, financial statements, by-laws, newsletters, mailing lists and committee reports; general correspondence; national championships records; committee records; material on CIAU meetings; proceedings of the first general assembly of the new CIAU; material on related organizations such as the Ontario Women's Intercollegiate Athletic Association; subject files; financial records; files of the Women's Athletic Committee of the Canadian Association for Health, Physical Education and Recreation.

CARNEY, Patricia (b. 1935)   MG 32, B 43

Born in Shanghai, China, Patricia (Pat) Carney came to Canada in 1939. She earned two degrees at the University of British Columbia. Prior to entering politics, Carney was a business journalist and consultant. She was first elected to the House of Commons as a Progressive Conservative member of Parliament in 1980 and served as an

opposition critic. Following her re-election in September 1984, Carney was appointed minister of Energy, Mines and Resources. She also served as acting minister of Regional Industrial Expansion from December 1985 to June 1986. On 29 June 1986, Carney became minister for International Trade and proceeded to play a key role in the negotiation of the Canada-United States Free Trade Agreement. After the completion of these negotiations, she became president of the Treasury Board. Carney did not run in the 1988 federal election. She was appointed to the Senate of Canada in 1990.

Originals, 1980-1986, 27.7 m. Finding Aid 1818

Correspondence, memoranda, reference files dealing with Carney's political career. The records include a series of files dealing with her years as a Progressive Conservative Opposition MP and a comprehensive collection of her ministerial papers from 1984 to 1988. The collection also contains an alphabetic subject file series (two card indexes pertaining to the latter series can be found in volumes 134 through 139). Photographs and caricatures have been transferred to the Documentary Art and Photography Division, National Archives.

CARPENTER, Charles Carroll (1836-1918)   MG 29, D 63

Feronia N. Carpenter (née Rice) accompanied her husband, the Reverend Charles Carroll Carpenter, an American Congregationalist missionary and theologian, to their church's missions in Labrador.

Microfilm, 1856-1909, 2 reels, M-833 and M-1596.

Feronia Carpenter's journal describing a short visit to Montreal in 1862 and her activities at the Labrador missions from May 1862 to May 1863. Her daily entries describe religious discussions, her relationship with her husband, household chores and her work visiting the sick. Papers also include the Reverend Carpenter's journal.

CARR, Emily (1871-1945)   MG 30, D 215

Born in Victoria, British Columbia, Emily Carr studied art in San Francisco, London and Paris, and travelled along the Pacific Coast to paint remote Indian villages. She was discouraged by the lack of public response to her work until she travelled east in 1927 and met Lawren Harris and other members of the Group of Seven. Their recognition supported her through her most productive period as an artist in the 1930s. In later years ill health forced her to turn to writing, encouraged by Ira Dilworth, who became her literary editor and confidant. *Klee Wyck* (1941) won the Governor General's Award and

was followed by *The Book of Small* (1942) and *The House of All Sorts* (1944) as well as other works published posthumously.

Photocopies, 1905-1971, 1.12 m. Finding Aid 1135.

Correspondence with Ira Dilworth, Lawren Harris and others regarding Carr's work, health, friends, and domestic affairs, and discussing theosophy and the Group of Seven; financial records; journals containing drafts of letters and manuscripts; manuscripts of published and unpublished books, stories and addresses; notebooks; notes; manuscripts by others; clippings, including a scrapbook containing political cartoons by Carr; other material. Most material also available on microfilm, reels C-13525 to C-13528.

CARY, Mary Ann Shadd (1823-1893)   MG 24, K 22

Born in Delaware, United States, Mary Ann Shadd was a free black woman who came to Canada West at the time of the passing of the Fugitive Slave Bill of 1850. She was prominent in several antislavery societies and in 1852 published *Notes from Canada West*, an information manual for prospective black American immigrants. Shadd was a founder and editor of the *Provincial Freeman*, an antislavery weekly newspaper, 1854-1858. After her marriage to Thomas Cary in 1856, she recruited black volunteers for the Union Army during the American Civil War. Although she returned to Canada West in 1866 and was naturalized as a British subject, Cary spent most of her remaining years in the United States, studying law at Harvard University and practising in Washington, DC.

Originals, 1852-1889, 19 pages; transcripts, n.d., 7 pages; photocopies, 1852-1871, 34 pages. Finding Aid 28.

Correspondence and other papers, 1852-1889, relating to Mary Ann Shadd Cary and her naturalization, and notes on her. Copies of her works and correspondence concerning her activities as an abolitionist, 1852-1871. Two letters about her sister, Amelia C. Shadd Williamson, chiefly of a personal nature and describing life in Peel County, Canada West, 1854-1856; other material.

CASAULT, Atala (fl. 1930-1939)   MG 30, C 93

Atala Casault was married in 1931 to Edgar Rochette, Quebec minister of Labour, Hunting and Fishing, in the Quebec government of 1936.

Originals, 1930-1939, 2.5 cm.

Journal of Atala Casault describing her marriage to Edgar Rochette, trips to Ontario and Bermuda, fishing trips, and details of daily life.

CASGRAIN, Thérèse (1896-1981)   MG 32, C 25

Thérèse Casgrain (née Forget) led the women's suffrage campaign in Quebec in the 1920s and 1930s, and was president of the League for Women's Rights, 1928-1942. She founded the Ligue de la jeunesse féminine (Young Women's League), and was known for her program on Radio Canada, *Fémina*. During World War II she was vice-president of the National Federation of Liberal Women and a president of the Women's Surveillance Committee for the Wartime Prices and Trade Board. In 1945 she led the campaign to ensure that family allowance cheques would go to women in Quebec. She ran unsuccessfully for election many times for the Co-operative Commonwealth Federation, and was its provincial leader for Quebec, 1951-1957. In 1961 she founded the Quebec branch of the Voice of Women. She was a founder of the League for Human Rights (1960) and the Fédération des femmes du Québec (1966). In 1970 Casgrain was appointed to the Senate. Her autobiography, *A Woman in a Man's World*, was published in 1972.

Originals, 1818-1975, 1981, 2.05 m. Finding Aid 1761.

Correspondence; subject files on feminist, social and political organizations; material on her autobiography; speeches, souvenirs and clippings; family papers, including courtship letters between Pierre and Thérèse Casgrain, correspondence between Sir Randolph and Lady Forget, Thérèse Casgrain's parents, and other material on the Casgrain and Forget families; an unpublished manuscript, "Les raisons pour lesquelles le Québec a dit non au CCF."

CATHOLIC WOMEN'S LEAGUE OF CANADA   MG 28, I 345
(est. 1920)

The Catholic Women's League (CWL) works to unite the Catholic women of Canada in order to promote the teachings of the Catholic church, to enhance the role of women in church and society, and to work towards religious freedom, social justice and peace. The CWL is organized at the parish, diocesan, provincial and national levels and is affiliated with the World Union of Catholic Women's Organizations.

Originals, 1920-1986, 3.60 m. Finding Aid 1335.

Constitution and by-laws; convention material; annual reports; national committee records; resolutions and briefs submitted to the federal government, various commissions and Senate committees; subject files with speeches, articles and presentations concerning the

family, leadership, women and other issues; correspondence; other material.

CHADWICK, Ethel (1884-1975)   MG 30, D 258

Ethel Chadwick emigrated from Ireland to Montreal as a child, and then moved to Ottawa at the age of ten when her father became a civil servant. She participated in the social life of Ottawa's elite, and took part in elegant dances at Rideau Hall, May Day teas, theatre parties and summers in Quebec. Excerpts from her diary were published in the Ottawa *Journal*: "Fragments from a Frivolous Diary," 1933-1936; "Further Fragments from a Sometime Diary," 1938-1945; and "Excerpts from the Diary of Ethel Chadwick," 1961-1968. She also wrote *Social Memoirs of Montreal* (1966).

Originals, n.d., 1874-1971, 1.25 m.

Diaries describing Ottawa social and cultural life for most years between 1896 and 1971; typescripts of excerpts intended for publication; clippings; scrapbooks of clippings and memorabilia; personal material such as correspondence, financial records and notebooks; printed material, including *Social Memoirs of Montreal*.

CHAPLIN, Annemarie (1929-1980)   MG 30, C 198

Annemarie Harris graduated with a Bachelor of Arts degree from McGill University. She married Philip Chaplin, a historian, and raised three children. At the time of her death she was curator of the Bytown Museum in Ottawa.

Originals, 1960-1980, 60 cm.

Diaries dealing with home and community, written while the Chaplin family lived in Manotick and Ottawa. Except for three gaps in the record during the 1960s, Chaplin added to her diary regularly; the bulk of the material, however, was written between 1968 and 1980.

CHERRY, Evelyn (b. 1906) and Lawrence W. (1902-1966)   MG 31, D 173

Lawrence and Eveyn Cherry (née Spice) learned their craft as film writers, producers and directors in England in the 1930s with the British Documentary Group headed by John Grierson. They returned to Canada when World War II was declared and made several independent films. In 1941 they joined the Agriculture Unit of the National Film Board of Canada (NFB). Evelyn left the NFB in 1950 to work as a freelance film writer and English teacher, and Lawrence resigned in 1957. In 1961 the Cherrys founded their own company, Cherry Film

Productions Ltd., in Regina. The Cherrys were dedicated to producing film documentaries on a variety of social, economic, environmental, educational and cultural issues. Evelyn Cherry's films focused largely, although not exclusively, on Saskatchewan.

Originals, 1940-1982, 6 m. Finding Aid 1608.

Production files, including film outlines, scripts, manuscript notes, interview transcripts, shot lists and other material generated during the production of films, including research for a proposed film for the Voice of Women, Regina branch; correspondence with the NFB and scripts, including *The Country Woman's Day* (1950) and *Women and the Earliest Days of the NFB* (1975); correspondence with Crawley Films Ltd.; subject files, including correspondence, financial and printed material; material relating to film associations, film festivals and technical matters; personnel and financial files. Films, stills and tapes are available in the Moving Image and Sound Archives Division of the National Archives of Canada.

CLEVERDON, Catherine Lyle (1908-1975)   MG 30, D 160

Catherine Lyle Cleverdon corresponded with members of the suffrage movement and others in preparation for her thesis on women's suffrage and subsequent book *The Woman Suffrage Movement in Canada* (1950).

Originals, n.d., 1913-1949, 10 cm. Finding Aid 909.

Correspondence, 1941-1949, with Thérèse Casgrain, Frances M. Beynon, Helen Gregory MacGill, Nellie L. McClung, Evelyn G. Murphy (daughter of Emily Murphy), Irene Parlby, Augusta Stowe-Gullen, Lillian Beynon, Cora Casselman and others; clippings and pamphlets.

COLEMAN, Kathleen Blake "Kit" (1856?-1915)   MG 29, D 112

Kathleen Blake "Kit" Coleman emigrated from Ireland in 1884, and on the dissolution of her marriage in 1889 began her weekly column for the *Toronto Mail* (later the *Mail and Empire*) under the title "Woman's Kingdom." In addition to topics such as household tips, women's fashions and relations between the sexes, she dealt increasingly with areas in the mainstream of journalism. She became the first woman accredited as a war correspondent when she covered the Spanish American War in Cuba. In 1904 she was made the first president of the Canadian Women's Press Club. Coleman publicly opposed feminism and women's suffrage. In 1911 she left the *Mail and Empire* and produced a syndicated weekly article entitled "Kit's Column."

Originals, n.d., 1852, 1870-1979, 1.30 m; photocopies, 1890-1907, 1 cm. Finding Aid 1724.

Papers relating to Coleman's career as a journalist, *Mail and Empire* columnist and author, and to her role in the Canadian Women's Press Club, including correspondence, scrapbooks, clippings about her, draft and final copies of her newspaper and fictional writings, family and personal material, obituaries and other posthumous papers.

COLES, Mercy Ann (fl. 1864-1879)   MG 24, B 66

Mercy Ann Coles was the daughter of Mercy Haine and George Coles, who represented Prince Edward Island at the Quebec Conference of 1864.

Photocopies, 1864, 1878-1879, 91 pages.

A diary entitled "Reminiscences of Canada," in which Mercy Ann Coles describes her trip accompanying her father to the 1864 Quebec Conference, and gives an account of the voyage from Charlottetown to Quebec, social events surrounding the conference, and the return trip through Ohio and New York; also includes accounts of an 1878 trip to Montreal and Quebec and of an 1879 boat trip on the S.S. *Miramichi*.

COMMUNICATIONS UNION CANADA (1946-1980)   MG 28, I 329

The Communications Union Canada membership was drawn from an almost entirely female labour force, and always had an all-female executive, a unique phenomenon in the Canadian labour movement. Known as the Traffic Employees Association until 1974, the union was certified under the *Wartime Labour Relations Act* as bargaining agent for Bell Telephone workers. By 1970 the Association represented 7,500 members. It ceased to exist in 1980 after a lengthy raid from another union representing Bell Canada employees, the Communications Workers of Canada.

Originals, 1946-1980, 8.67 m. Finding Aid 1355.

Material on general council meetings; reports and correspondence of district representatives; correspondence and circular letters; subject files; questionnaires expressing membership views on such subjects as part-time working conditions and all-night shift conditions; records of contract negotiations; labour-management meeting reports; records of disciplinary action and grievances; documentation of raids, including the successful raid by Communications Workers of

Canada; speeches of president Mary Lennox; press clippings and publications; other records.

COOPERATIVE COMMONWEALTH FEDERATION   MG 28, IV 1
and the NEW DEMOCRATIC PARTY OF CANADA

The Co-operative Commonwealth Federation (CCF) was founded in August 1932 in Calgary at a conference that united various farm, labour and socialist groups from across the country into a federal political party. Following the birth of the Canadian Labour Congress (CLC) in 1956, negotiations began between the CLC and the CCF to bring about an alliance between organized labour and the political left in Canada. In 1961, the New Democratic Party of Canada (NDP) was born. Both the CCF and NDP encouraged the participation of women in the social democratic movement, through the National/Federal Women's Committee and the Ontario Women's Committee.

Originals, 1912-1983, 83.7m, Finding Aid 427.

Includes correspondence, reports, memoranda and minutes on the National Women's Committee (1950-1952) and women and youth activities, workshops, conventions, fund-raising, the Royal Commission on the Status of Women and other issues (1934-1976).

COTTON, Dorothy, (1885-1977)   MG 30, E 464

A graduate of the Royal Victoria Hospital in Montreal, Dorothy Cotton joined the Canadian Army Medical Corps as a nursing sister in October 1914. She joined the Canadian Expeditionary Force in January 1915 and served in England and France. She served with the Anglo-Russian Hospital in Petrograd from November 1915 to June 1916, and from January to August 1917, when she witnessed the early stages of the Russian Revolution. She later served in England and Nova Scotia, and was demobilized in 1919. In 1920 she helped establish a nursing school at Coltzea Hospital in Bucharest, Romania, on behalf of the Canadian Nursing Mission.

Originals, n.d., 1915-1921, 135 pages.

Memoirs, correspondence, biographical notes, clippings and other material concerning Dorothy Cotton's experiences as a nurse at the Anglo-Russian Hospital and the Coltzea Hospital.

CURRAN, John Edward Gardiner (1874-1973)   MG 30, C 85

Jane (Jennie) Curran was the wife of John Edward Gardiner Curran, a prominent Orillia sportsman. The Curran family moved from Toronto

to Orillia and purchased the *Canadian Workman*, a newspaper. They subsequently began the *Orillia Newsletter* in 1884.

Originals, 1748-1970, 55 cm. Finding Aid 864.

Jennie Curran's diaries, 1870-1914, with memoirs of a trip to Ireland in 1894, sporadic coverage of family and daily events, and personal reflections revealing a strongly religious sensibility; a small book entitled *A Female Servants' Manual* published in England in 1867, with detailed instructions on household management.

CURRIE, James George (1827-1901)   MG 27, II F 5

Emma Augusta Currie (née Harvey) (1829-1913) was married to James G. Currie, speaker of the Ontario Legislature. During his incumbency as registrar of Lincoln County, she was appointed deputy registrar, a position she held for several years. Emma Currie was a supporter of the Woman's Christian Temperance Union, an advocate of women's suffrage, and one of the founders of the Protestant Orphans' Home in St. Catharines. Her biography of Laura Secord was published in 1900 and again in 1913. Her daughter, Jessie Flora Currie, was secretary of the Protestant Orphans' Home.

Originals, 1803-1934, 50 cm. Finding Aid 495.

Emma Currie's notes and correspondence, including research on Laura Secord and other historical subjects, a reply from the Justice Department to her letter about woman suffrage, a sketch and pamphlet on the WCTU, a manuscript on women in the labour force, letters concerning the Protestant Orphans' Home, and a letter from the American suffragist Susan B. Anthony; Jessie Currie's papers, mainly legal and family documents.

DANDURAND-MARCHAND FAMILY   MG 27, III B 3

Joséphine Marchand-Dandurand was the daughter of the Honourable Gabriel Marchand, premier of Quebec from 1897 to 1900, and wife of Senator Raoul Dandurand. In 1893 she founded the first French Canadian feminist journal, *Le Coin du feu*, and a collection of her columns, *Nos Travers*, was published in 1901. She contributed to newspapers, and her plays were produced in Quebec, Montreal and Ottawa. She was active in the Ladies Auxiliary of the Saint-Jean-Baptiste Association of Montreal, the Fédération nationale Saint-Jean-Baptiste, the National Council of Women of Canada, the Victorian Order of Nurses, the Women's Historical Association of Montreal and the Oeuvre des livres gratuits, an organization that distributed litera-

ture to isolated settlers. Marchand-Dandurand was appointed commissioner for Canada to the Paris Exhibition in 1900.

Originals, 1789-1942, 1.57 m; photocopies, 1879-1900, 5 cm.

Joséphine Marchand-Dandurand's diary, 1879-1900; her correspondence, 1885-1904, including a letter about the Oeuvre des livres gratuits; annotated typescript of the play "Fleurs d'Antan, comédie en vers en un acte avec prologue," possibly written or produced by Joséphine Marchand-Dandurand; annual report of the Oeuvre des livres gratuits, clippings, 1886-1925.

DAVEY, Jean Flatt (1909-1980)   MG 30, E 386

Dr. Jean Davey was the first female member of the Royal Canadian Air Force Medical Division when she joined the Canadian Women's Auxiliary Air Force as medical supervisor with the rank of flight officer. She rose to the rank of squadron officer and was the chief medical officer of the RCAF (Women's Division). As part of her work she gave lectures on mental and physical health to women in the service. She was awarded the Order of the British Empire in 1943 and retired from the RCAF in May 1945. She subsequently worked at Women's College Hospital as physician-in-chief and, after 1965, as director of medical teaching.

Originals, n.d., 1938-1945, 7.5 cm; photocopies, n.d., 1941-1944, 2.5 cm.

Material on Dr. Davey's work in the RCAF, including lectures, addresses and informal talks; medical reports; conference reports; questionnaires; statistics; transcripts of published articles; lists of RCAF medical officers and air women; correspondence; printed material on women at war; clippings concerning Dr. Jean Davey and women doctors in the RCAF and RCAF (Women's Division); other material.

DAVIDSON, Margaret (b. 1918)   MG 30, D 295

Margaret Davidson and her sister Jeannie performed as the Davidson Twins, and in 1928 they joined a vaudeville troupe, the Winnipeg Kiddies, and toured the western provinces and Alaska during 1928-1929. They were part of a second Winnipeg Kiddies troupe that toured Manitoba and Saskatchewan, 1933-1934. In the fall of 1933, Margaret Davidson joined Lillian Strachan's Sunshine Girls, a group of chorus dancers based in Winnipeg and Edmonton. The troupe moved to Montreal during 1936-1937, where the dancers were billed as Lillian and her Vienna Girls or the Streamline Girls. Davidson retired from the stage in the 1940s to raise a family, and was later involved in nursery school work and children's summer camps.

Originals, 1933-1939, 1969-1982, 7.5 cm.

Material concerning Davidson's career as a child performer, including an autograph book; scrapbook with programs, clippings and broadsides; a letter from former Winnipeg Kiddies' chaperon Mrs. MacLaskey, recalling their experiences; clippings; memoirs and working papers.

De CASTRO, Mhairi Angela MacLeod (b. 1918)   MG 29, C 119

Mhairi de Castro (née Fenton) was born in Scotland and was raised by her aunt and uncle, Janet and Dr. Charles Stuart McEuen. They moved to Canada when Dr. McEuen took a post at the Royal Victoria Hospital, Montreal. In 1937 Mhairi Fenton and her aunt accompanied Dr. McEuen on a research trip to the Arctic with the Eastern Arctic Patrol.

Originals, 1845-1848, 1870-1871, 1935-1939, 1974, 6 cm; photocopies, 1937, 1.5 cm.

De Castro's diary and other material pertaining to her trip to the Arctic, as well as letters sent to her great-grandmother, Mary Bowles of Quebec, in the 1870s. The twelve letters (6 November 1870 - 10 January 1871) describe Cimodocée Casault's journey, with her baby, from Quebec City to Manitoba to join her husband, Lt. Col. Louis-Adolphe Casault, who was with the militia battalion sent from Quebec to help in restoring order after the Red River Rebellion. Casault travelled by train and wagon through Toronto, Sarnia, Chicago, St. Paul and Pembina to Fort Garry, and her letters describe travelling conditions, food, dress and social events.

DENNIS, June (b. 1914)   MG 31, D 191

June Dennis worked in radio in Victoria during World War II and moved to Toronto in 1945. Her work with the Canadian Broadcasting Corporation made her a national radio personality by the early 1950s. She wrote two well-received novels aimed at providing career models for young girls, *A Mike for Marion* (1952) and *TV Career Girl* (1964). Dennis left her radio career at its peak in 1963 and became the personal manager to the annual winner of the Miss Canada Pageant, 1964-1966. In 1965 she wrote a handbook for the Girl Guides of Canada, and after 1966 she freelanced in journalism and travelled extensively. She was editor of *Quill and Quire*, 1968 to 1971.

Originals, 1940, 1947-1987, 32 cm.

Papers relating to Dennis's personal life and writing, broadcasting and Miss Canada careers, including a scrapbook, manuscripts, and a diary covering the period 1963-1986.

DICKSON, Lovat (1902-1986)   MG 30, D 237

Lovat Dickson was a publisher and author who wrote *Radclyffe Hall and the Well of Loneliness* (1975), a biography of English author Radclyffe Hall (1886-1943). Radclyffe Hall wrote four volumes of verse and eight novels. She is best known for *The Well of Loneliness* (1928), which was banned after an obscenity trial because of its open treatment of lesbianism.

Originals, 1872-1986, 6.15 m. Finding Aid 1041.

Dickson's material relating to Radclyffe Hall and her friend Una Troubridge, including Troubridge's diaries with references to their domestic life, health, writing, families and psychic research; Troubridge's manuscripts; Troubridge and Hall's correspondence; subject files with legal files on the trials in the United States and England; Hall's manuscripts and publications; Dickson's research files, notebooks and manuscripts for *Radclyffe Hall and the Well of Loneliness*, including manuscripts on Hall by Vera Brittain and Jane Rule; correspondence with readers of Dickson's biography; correspondence between Dickson and Canadian and British literary figures such as Constance Beresford-Howe, Phyllis Grosskurth, Margaret Laurence, Jane Rule and Ethel Wilson. Also available on microfilm, H-1196 to H-1199.

DOUGALL FAMILY   MG 29, C 34

Lily Dougall (1858-1923) was the daughter of John Dougall, a Montreal merchant and editor of temperance and religious newspapers. She was educated in New York and Scotland, and in 1897 returned to Montreal, where she became the first editor of *The World Wide*, a journal of contemporary thought. In 1903 she moved permanently to Cumnor, England, where she became the centre of a group dedicated to religious thought. She wrote 12 novels exploring religious and philosophical themes, including four with Canadian settings, and after 1908 turned to religious writing.

Originals, 1837-1951, 64 cm.

Typescript of selected letters of Lily Dougall, with biographical notes, by M.S. Earp. Family papers include letters about religious and temperance concerns from correspondents such as the Dominion

Alliance for the Suppression of the Liquor Trade and Mrs. Gordon Wright of the Woman's Christian Temperance Union.

DUVERNAY, Ludger (1799-1852)   MG 24, C 3

Marie-Reine Harnois married Ludger Duvernay, a politician and journalist in Lower Canada, in 1825. He was owner and editor of *La Minerve*, and while in political exile after 1837 he published the *Patriote canadien*. He returned to Montreal in 1842.

Original, 1834, 1 page. Photocopies, 1851, 2 pages. Transcriptions, 1814-1852, 51 cm. Finding Aid 796.

Correspondence of Marie-Reine (Harnois) Duvernay, Marie-Anne-Julie Duvernay (mother of Ludger Duvernay), Julie Duvernay (sister), and other women, generally relating to family matters, is found among the Duvernay papers.

ELLICE, Edward (1781-1863) and Family   MG 24, A 2

In 1834 Katherine Jane Balfour (d. 1864) of Scotland married Edward Ellice Jr., an English political and diplomatic figure who was also owner of the Beauharnois seigneury (Lower Canada). In 1838 she accompanied her husband to Canada, where he served as private secretary to Lord Durham.

Originals, 1817-1851, 4 cm; photocopies, 1857-1877, 2.5 cm; microfilm, 1770-1934, 20 reels, A-1 to A-19, A-886. Finding Aid 411.

Includes Jane Ellice's diary, which records her experiences in Canada, and gives descriptions of life at the Beauharnois seigneury and being taken prisoner in the 1838 rebellion. A set of illustrations that accompanied the diary has been transferred to the Documentary Art and Photography Division of the National Archives. Also available on microfilm, reel C-4648, and in published form as *The Diary of Jane Ellice*, ed. Patricia Godsell (Toronto, c. 1975).

ENDICOTT, James G. (b. 1898)   MG 30, C 130

Mary Austin was born in Chatham, Ontario, in 1897. She was active in the Canadian Girls in Training and the Student Christian Movement when she married missionary James G. Endicott. She went with him to China, where they had four children. On her return to Canada in 1941 she continued her work with the CGIT and served on the York, Ontario, Board of Education. James Endicott's involvement in the Chinese Revolution led him to give up mission work for the peace movement. Mary worked with him in peace organizations and on the

Far Eastern Newsletter. Her booklet *My Journey for Peace* (1951) described the World Peace Conference in Sheffield and Warsaw in 1951. She wrote *Five Stars over China* (c. 1953), about the early stages of the Chinese Revolution, and was working on a book, *My Life with Jim*, before her death in 1967.

Originals, n.d. 1891-1984, 16.77 m; photocopies, 1983-1984, 8 pages. Finding Aid 1474.

Family papers, including Mary Endicott's diaries, 1907, 1925, 1926, 1952, essays and notes; CGIT material, 1924-1951; Austin family correspondence; manuscripts of articles on China and the peace movement; poetry; material on *My Journey for Peace* and *Five Stars over China*. Photographs have been transferred to the Documentary Art and Photography Division.

FEDERATED WOMEN'S INSTITUTES OF CANADA   MG 28, I 316
(est. 1919)

The first Women's Institute was organized at Stoney Creek (Saltfleet), Ontario, in February 1897, by Adelaide Hoodless to promote scientific household management and child-rearing. Similar institutes were subsequently organized across Canada, and the government of Ontario provided financial assistance for courses in hygiene, nutrition, cooking, home nursing and sewing. Provincial representatives met in Winnipeg in 1919 to form the Federated Women's Institutes of Canada. The mandate of the FWIC has broadened beyond domestic concerns to include the study of national and international issues, especially those affecting women and children. It is affiliated with the Associated Country Women of the World.

Originals, 1919-1984, 6.29 m. Finding Aid 1298.

Correspondence, records of annual board meetings and committee reports; subject files; manuscripts, including briefs to various Royal Commissions; printed material, including the *Federated News*; records of the Northern Canadian Women's Institutes; records concerning the Associated Country Women of the World; other material.

FÉDÉRATION DES FEMMES   MG 28, I 231
CANADIENNES-FRANÇAISES (est. 1914)

The Fédération des femmes canadiennes-françaises was initially founded in Ottawa to assist French-Canadian soldiers and their families. Over time the federation's mandate widened to include the defence of French-Canadian culture and the Catholic religion, social

reform and the advancement of women. (It was renamed the Fédération nationale des femmes canadiennes-françaises.)

Originals, 1918-1975, 1.25 m. Finding Aid 456.

Minutes; annual reports; clippings; subject files, including files on related organizations such as the Catholic Women's League, Children's Aid Society of Ottawa, Comité féminin d'assistance immédiate, Ottawa Day Nursery, Girl Guides of Canada, Fédération nationale Saint-Jean-Baptiste, Institut Jeanne-d'Arc, National Council of Women of Canada, Canadian Women's Memorial Building Federation, Orphelinat Saint-Joseph, and Association canadienne-française d'éducation de l'Ontario, and files on issues pertaining to women and French-Canadian culture; other administrative records.

FEDERATION OF MEDICAL WOMEN OF CANADA   MG 28, I 324
(est. 1924)

The Federation of Medical Women of Canada was founded at Ottawa in 1924 to promote the interests of women in medicine and provide a forum for the interchange of ideas. One of its primary concerns has been the education of medical women, and financial assistance has been provided for female medical students through the Maude Abbott Scholarship Loan program.

Originals, 1939-1980, 1.3 m. Finding Aid 1555.

Minutes, correspondence, annual reports, membership reports and newsletters; Medical Women's International Association reports and correspondence; committee reports and correspondence relating to the Maude Abbott Scholarship Loan Fund; subject files, including briefs, offprints concerning employment of medical women, and provincial branch reports; clippings and scrapbooks; historical files; other material.

FERNET-MARTEL, Florence (b. 1892)   MG 30, C 106

Born in Woonsocket, Rhode Island, Florence Fernet was one of the first five women to receive a Bachelor of Arts degree in Quebec, and she worked as a translator before her marriage in 1923. She was active in women's associations such as the Association fédérée des anciennes élèves des couvents catholiques, the League for Women's Rights and the Fédération des femmes diplômées des universités (section Montréal). She worked with Thérèse Casgrain in the struggle for women's rights in Quebec, and on the radio program *Fémina*. During World War II she was a senior officer of the National Selective Service

(Women's Division). She became women's page editor of *La Réforme* in 1958, and from 1961 to 1966 she was a film censor.

Originals, n.d., 1877-1983, 68 cm; photocopies, 1908-1968, 10 pages. Finding Aid 940.

Correspondence; personal documents; family papers; manuscripts of stories, articles, speeches and Fernet-Martel's book, *Les Fernet* (ca. 1983); material relating to organizations such as the Fédération nationale Saint-Jean-Baptiste; clippings.

FIELD, Martha (1814-1884),   MG 24, K 48
SIMPSON, Frances (1821-1891) and Family

Martha Field (Gay) and her younger sister Frances Simpson (Gay) were born in Norfolk, England. After her husband's death in 1872, Frances sent her two eldest sons to settle in Ontario while she took the rest of her large family to further their education in France. In 1879 she brought the whole family to settle in Hamilton, Ontario.

Originals, n.d., c.1842-1972, 1983-1984, 17.5 cm; photocopies, 1765-1984, 9 cm. Finding Aid 1455.

Four cookbooks — representing three generations of Frances Simpson's family — including recipes for food and drinks, hints on domestic management, home remedies and knitting patterns; Frances Simpson's two small diaries recording events in the years surrounding her husband's death and a third diary recording life at home in Hamilton with accounts of household duties, visits from relatives, purchases, and returns on investments; family correspondence over five generations; photocopies of photographs.

FINNISH ORGANIZATION OF CANADA   MG 28, V 46
(est. 1923)

The Finnish Organization of Canada (FOC) has supported the radical working-class movement in Canada. Women were active in Women's Labour Leagues (WLLs) and other organizations in the women's division of the FOC. During the 1920s, the Finnish WLLs were influential members of the Federation of Women's Labour Leagues organized by the Communist Party of Canada. Members were largely working-class housewives, although efforts were made to include wage-earning women, and they divided their time between self-education and fundraising. Their platform included demands for equal pay, maternity leave and birth control. Sanna Kannasto was a prominent WLL organizer.

Originals, n.d., 1881-1983, 48.3 m. Finding Aid 1619.

Records of women's participation in the FOC, including women's central committee files, containing membership cards, minute book, 1947-1964, and general correspondence; minute book of the WLL of Tarmola, Ontario, 1930-1932; Toronto Finnish Women's Division CPC/WLL minute book, 1926-1933, and work committee/executive board meetings minute book, 1926-1932; minutes of the Ladysmith, British Columbia, Women's Division Finnish Section/CPC Local, 1925-1926; material on Sanna Kannasto; documents of related organizations such as the Canadian Federation of Women's Leagues, temperance societies, the Congress of Canadian Women, Women's International Democratic Federation, World Congress of Mothers and World Congress of Women.

FISCHER, Sarah (1896-1975)   MG 30, D 207

Sarah Fischer emigrated from Paris in 1909. She won the McGill Scholarship to study at the Royal College of Music in London, England. During her European career she performed at Old Vic and Covent Garden, London, at Opéra Comique, Paris, and in Rome, Vienna and Berlin. In 1940 she returned to Montreal to teach. Fischer founded the Sarah Fischer Concert Series and the Sarah Fischer Scholarships to provide opportunities for young musicians.

Originals, n.d., 1850s, 1874-1975, 8.75 m. Finding Aid 1063.

Biographical material; financial records; memorabilia; address books; journals, 1919-1942, 1960-1975; correspondence; subject files relating to prominent people, including Emma Albani, one of Fischer's early mentors, and to cultural and women's organizations such as the Women's Canadian Club of Montreal and the Ladies Morning Musical Club; material pertaining to the Sarah Fischer Concerts and Scholarships; programs; music scores; music theory; publications; clippings.

FLAHERTY, Dorothy Eva (née Rhodes) (1905-1985)   MG 31, K 25
and Frank (1903-1980)

Dorothy Flaherty worked as a reporter until her marriage in 1934, when she moved to Ottawa and raised four children. She was active in many women's organizations from the 1950s to the 1980s. She was president of the University Women's Club of Ottawa, vice-president of the Ottawa Local Council of Women, and served on the executive of the Canadian Federation of University Women (CFUW) and the National Council of Women of Canada (NCWC). She was head of the Canadian Committee on the Status of Women (CCSW) from 1974 to

1982. She was president of the Ottawa and Ontario Elizabeth Fry Societies (EFS), and participated in the Canadian Association for the Prevention of Crime (CAPC, originally the Canadian Criminology and Corrections Association).

Originals, n.d., 1919-1985, 4.95 m. Finding Aid 1620.

Material relating to Dorothy Flaherty's involvement in the CFUW, NCWC, CCSW, National Action Committee on the Status of Women, Royal Commission on the Status of Women, EFS and CAPC, 1928-1985, including briefs, research notes, publications, press releases, reports and correspondence, such as letters received by the CCSW from women in difficult domestic situations, 1954-1955; reference files, including clippings and other printed material filed by subject; personal correspondence; material concerning municipal affairs.

FLEMING, Gertrude (fl. 1891-1892)   MG 29, C 96

Gertrude Mackintosh married Sandford Hall Fleming (son of Sir Sandford Fleming) in Ottawa on 7 November 1891. They went on a wedding trip through Europe, then lived in Ottawa and in Maniwaki.

Originals, 1891-1892, 2.5 cm.

Diary of Gertrude Fleming's wedding trip through Europe, 8 November 1891 - 11 January 1892, with descriptions of the Flemings' social life, hotels they stayed in and Gertrude Fleming's health.

FORSTER, Mrs. (fl. 1869)   MG 55/29, No.131

Mrs. Forster emigrated from Ireland in 1869 with her husband and five children. They travelled from Dublin on the *Lady Seymour*.

Original, 1869, 22 pages.

Diary written by Mrs. Forster, giving an account of her experiences while on board ship. She describes shipboard conversations, seasickness, travelling conditions and meals served, and gives advice to prospective immigrants. Sea chanties and limericks are included in her record.

FRANCA, Celia (b. 1921)   MG 31, D 113

Celia Franca was born in London, England. She danced with the Ballet Rambert, the Sadler's Wells Ballet and the Metropolitan Ballet, and choreographed a number of ballets. After coming to Canada to conduct a feasibility study for the National Ballet Guild Committee, she

founded and directed the National Ballet Company in 1951. Franca was the principal dancer with the company until 1959 and its artistic director until 1974. In 1959 she co-founded the National Ballet School. She continued to choreograph ballets, and after her retirement collaborated on *The National Ballet of Canada: A Celebration* (1978). She continues to be involved on a freelance basis in ballet in Canada.

Originals, 1919, 1930-1981, 5.75 m. Finding Aid 1343.

Correspondence on personal, family and professional matters; notes; subject files relating to ballet in England and Canada and the arts in Canada; National Ballet of Canada files, including daily diaries or appointment books dating back to 1951, letters with ballet associates, including Betty Oliphant and Kay Ambrose, and teaching notes; files on the preparation of *The National Ballet of Canada: A Celebration*; programs; memorabilia; printed material.

GELDARD-BROWN, Mabel (b. 1890)   MG 30, E 497

A native of Scotland, Mabel Geldard-Brown had a diverse career as a social worker specializing in international relief and migration. Before moving to Canada in 1928, she worked in Greece for the Macedonian Unit of the Scottish Women's Hospitals, in Serbia for the SHS Child Welfare Association (1919-1921), in Poland with the British Committee for Relief (1922-1923), and in Switzerland and Greece for the International Migration Service (1925-1928). From 1928 to 1932 Geldard-Brown was employed by the Young Women's Christian Association (YWCA) of Canada as a port secretary in Saint John and Quebec, and then as executive secretary of the Social Service and International Departments in Toronto. Geldard-Brown subsequently held a number of social work positions in Montreal and Ottawa, including Montreal's Iverley Settlement (1932-1935). From 1944 to 1946 she was a displaced persons specialist with the United Nations Relief and Rehabilitation Administration (UNRAA) in Egypt, Greece and Italy. She was then engaged by the Canada Department of Labour as a displaced persons specialist and later to work on a scheme to assist the immigration of British women to Canada as domestic servants. She retired in 1953.

Originals, n.d., 1916-1989, 55cm.

Biographical information, correspondence, reports, memoranda, minutes, articles, speeches, clippings, printed matter, notes, memorabilia, travel documents, lists, statistical information and other material on most phases of Geldard-Brown's career, including the Scottish Women's Hospitals, SHS Child Welfare Association, British Committee for Relief, IMS, YWCA of Canada, Iverley Settlement,

UNRRA, and the Canada Department of Labour, including the assisted-passage scheme for domestics. The YWCA series includes documentation on the women immigrants Geldard-Brown met and counselled as port secretary.

GIRL GUIDES OF CANADA (est. 1912)   MG 28, I 290

The first company of Canadian guides was organized in St. Catharines, Ontario, in 1910, one year after the Girl Guide movement was founded in England. In 1912 a Canadian Council was formed, and in 1917 the Canadian Council of the Girl Guide Association was incorporated. In 1961 the current name was adopted. The guide movement emphasized outdoor activity and aimed to train girls as responsible citizens and family members. Francophone Roman Catholics were organized in an affiliated body, the Fédération des guides catholiques de la province de Québec, until 1962, when the Guides catholiques du Canada (secteur français) affiliated with the Girl Guides of Canada.

Originals, 1911-1985, 1.60 m. Finding Aid 1661.

Minutes of meetings, 1911-1970; annual reports, 1929-1981; copies of *Policy Organization and Rules* and related material; scrapbook with clippings and memorabilia for the period 1912-1961.

GIRLS' COTTAGE SCHOOL, Sweetsburg, St. Bruno,   MG 28, I 404
Quebec (est. 1911)

The Girls' Cottage School was a Protestant home for the rehabilitation of girls referred by the Montreal courts. Originally known as the Girls' Industrial Cottage School, it was founded by Beatrice and Mary Hickson. The school was gradually associated with other social service agencies and was incorporated under the provincial *Reformatory Schools Act* in 1913. In 1922 it was included in the Welfare Federation. Its name changed to the Girls' Cottage School in 1930, and the St. Bruno Boys' and Girls' Cottage School in 1976. In 1977 it merged with other Montreal area agencies.

Originals, n.d., 1913-1976, 66 cm. Finding Aid 1500.

Minutes, 1955-1971, and reports of meetings; reports from officers and staff, including the follow-up worker, 1926-1928, and the superintendent, 1927-1928, 1935-1946; subject files, including a study of a group of delinquent girls [1926], addresses, architectural plans, case histories, 1941-1942, field work and follow up of cases, n.d., 1929, 1943, historical report, and summary of cases, [1919]; publications such as a thesis on the housemother's interventions, and two histories of the

school; financial statements and budgets; register, 1951-1976. Also available on microfilm, reels H-1665 to H-1667.

GIRLS' FRIENDLY SOCIETY, London, England   MG 28, I 349
(Est. 1875)

The Girls' Friendly Society (GFS) was a girls' benevolent and social organization established by five English women. It was affiliated with the Church of England and was dedicated to purity. The second central rule of the society read: "No girl who has not borne a virtuous character to be admitted as a member; such character to be lost, the member is to forfeit her card." It organized constructive activities for girls and women in domestic service, business and factories and encouraged emigration to the British colonies. The Society attempted to organize branches in Canada, Newfoundland and other parts of the British Empire.

Microfilm, 1880-1955, 30 reels, A-1188 to A-1217.

Society records pertaining to Canada and Newfoundland, including minutes of Central Council, 1880-1895, and the imperial, colonial and overseas committee, 1896-1955, and other GFS minutes; correspondence and papers, 1912-1941; material on relations with the Church of England and other organizations such as the Young Women's Christian Association and the Society for the Oversea Settlement of British Women; Commendation Register Canada, 1907-1927; history of the GFS, 1875-1935; leaflets; diocesan reports concerning Canada, 1919-1936; publications, 1883-1950.

GREAT BRITAIN: County of Hereford and Worcester   MG 40, M 18
Record Office, British Women's Emigration Association

A.L. Vernon travelled in Canada between April and July 1904 on behalf of the British Women's Emigration Association (BWEA) to investigate the employment opportunities and housing for women factory workers. She spoke with factory owners and representatives of women's organizations in Quebec, Montreal, Ottawa, Kingston, Toronto, London, Hamilton, Paris and Winnipeg. Her report led the BWEA to abandon plans for a Factory Worker Scheme.

Microfilm, 1904, Reel A-1605. Finding Aid 90.

Notebook (109 pages) kept by Vernon during her investigation of Canadian factories, comparing British and Canadian factories and providing information on working conditions, pay, housing, the demand for women factory workers and the possibility of assisted immigration. Also a newspaper clipping describing her work.

HADASSAH-WIZO ORGANIZATION OF CANADA   MG 28, V 74
(est. 1917)

The Hadassah-WIZO Organization of Canada is the leading organization of Jewish women in Canada. It was founded during World War I to aid refugees in eastern Europe. The first chapter was organized in 1916, and in 1919 several Zionist women's organizations joined to form the Hadassah Organization of Canada. In 1920 it affiliated with the Women's International Zionist Organization. The Canadian Hadassah-WIZO aided in the settlement of refugee children in Israel before and after World War II and has been involved in major social and educational projects in Israel. The organization is made up of local chapters that elect a board of officers to implement national policy at biennial national conventions.

Originals, 1912-1975, 11.30 m. Finding Aid 1235.

Proceedings of national and regional conventions; minutes of national executive meetings, national council and national officers' meetings, administrative committee meetings and chapter meetings; national office administrative records; general correspondence with and other material on other organizations such as the Women's International Zionist Organization; records relating to projects and activities in Canada and Israel; publications and scrapbooks; material from the Hadassah-WIZO Council of Vancouver; other records.

HALL, Amelia (1915-1984)   MG 30, D 324

Amelia Hall came to Canada in 1921 from Leeds, England. She worked as a teacher in Ottawa, 1939-1948, while directing and acting with the Ottawa Drama League. In 1948 she became a full-time actress, making her professional debut in *The Glass Menagerie* at the Montreal Repertory Theatre. In 1949 she was a joint founder of Junior Theatre in Ottawa. She worked with the Canadian Repertory Theatre, Ottawa, 1949-1954, and numerous summer theatres. She was associated with the Stratford Festival from 1953 to 1984, and appeared in productions in theatres across Canada. She also worked in television and radio.

Originals, n.d., 1854-1888, 1904-1984, 7.7 m. Finding Aid 1617.

Correspondence with family and friends, and concerning her professional career; journals, address and notebooks; manuscripts, including biographical material, poetry, scripts, speeches and memoirs; playscripts; education documents; material relating to her career in summer theatre, CRT, Stratford and other theatres; financial material; theatre programs; clippings and articles; scrapbooks; other material.

HALL, Ella (fl.1898)   MG 29, C 49

Ella Hall (later Mrs. J.A. Van Winkle) travelled to the Klondike in 1898 with her sister, Lizzie M. Cheever, and had a cabin built near Dawson City where they lived for a number of years.

Photocopies, 1898-1903, 37 pages.

Narrative account of a trip from Boston, Massachusetts, to Dawson City, and a description of daily life in the Klondike, describing the weather, food supplies, social life, Christmas celebrations, and the safety of women in Dawson City; clippings of poems and songs about the Klondike.

HARGRAVE, James (1798-1865) and Family   MG 19, A 21

James Hargrave immigrated to Canada in 1820 and joined the North West Company shortly before its merger with the Hudson's Bay Company. He married Letitia Mactavish (1813-1854), a native of Edinburgh, in 1840. They lived in York Factory, Rupert's Land (now Manitoba), and Sault Ste-Marie, Canada West, and had three children.

Originals, 1618-1897. 3.6 m. Finding Aid 287.

Letters by Letitia Hargrave to her family in England, 1838-1852, which form a distinct series in the papers. She describes her life as the wife of a fur trader, contacts with Indians and their way of life, and religious rivalries and other aspects of daily life at York Factory. Part of the collection is also available on microfilm, reels C-73 to C-84 (most of Letitia Hargrave's letters are on reel C-84). Selections of this collection have been published as *The Letters of Letitia Hargrave*, ed. Margaret Arnett MacLeod (Toronto, 1947), and *The Hargrave Correspondence*, 1821-1843, ed. G.P. de T. Glazebrook (Toronto, 1938).

HENEKER, Dorothy (1886-1968) and Family   MG 30, C 128

Dorothy Alice Heneker graduated from McGill University with bachelor degrees in civil law and common law (1924-1925). Quebec regulations would not permit a woman to practise law, so she worked in business for several years, handling women's investments, before entering her father's law firm. She was active in the women's movement as president of the Montreal Business and Professional Women's Club (1929) and Canadian Federation of Business and Professional Women's Clubs (CFBPWC) (1930-1932). She served as Canada's representative at the founding meeting of the International Federation of Business and Professional Women (IFBPW) (1930), and subsequently served as secretary, director and vice-president.

Originals, 1833-1986, 0.78 m. Finding Aid 1709.

Correspondence relating to Dorothy Heneker's personal and professional life, and to her activities on behalf of the CFBPWC and the IFBPW; lectures and notes on the women's movement in Canada and in other countries, and French-Canadian history; biographical material, including a pocket diary, 1937, notes on her diaries, and a notebook; clippings concerning her work and interests; family papers.

HIBBERT, Joyce (b. 1923)   MG 30, C 170

Joyce Hibbert worked during World War II in the Royal Observer Corps and came to Canada on one of the war bride ships in March 1946. She has contributed to Montreal-area newspapers and journals, and Canadian Broadcasting Corporation radio in Montreal. She edited *The War Brides* (1978).

Originals, 1946, 1975-1983, 12 cm. Finding Aid 1138.

Correspondence from Canadian war brides recalling their experiences in England, their trip to Canada, and their first impressions of their new country, collected by Joyce Hibbert and used as a basis for her book; a file on the Saskatchewan War Brides Association and the Belgo-Canadian Association.

HOERNER, Sophie (1877-1961)   MG 30, E 290

Sophie Hoerner was a Montreal native who had been the superintendent of a hospital in Saranac Lake, New York, for 14 years when she went overseas with the Canadian Army Medical Corps during World War I. She was with No. 1 Canadian General Hospital in France in the early summer of 1915 and then served as home sister and later assistant matron of No. 3 Casualty Clearing Station. She received the Royal Red Cross decoration for her wartime service.

Photocopies, 1915-1916, 2 cm.

Letters written by Sophie Hoerner en route to and in France describing in detail the hospitals in France, the living conditions for nurses, her work, and her concern for the soldiers she nursed; clippings describing her welcome on a return visit to Saranac Lake.

HÔPITAL GÉNÉRAL DE MONTRÉAL (est. 1694)   MG 17, A 15

The Hôpital Général de Montréal was opened in 1694 by the Communauté des frères Hospitaliers de la Croix de Saint-Joseph (les

Frères Charon). In 1747 the hospital was transferred to the control of the Soeurs Grises de la Charité and their founder, Madame d'Youville.

Originals, 1908, 2.5 cm; transcriptions, 1692-1773, 5 cm.

Report on the archives of the Hôpital-Général, 1908; prescriptions, authorizations and notes of Madame d'Youville, 1692-1760; letters between the attorneys of the hospital in France and the Frères Charon or Madame d'Youville, 1699-1773. Also available on microfilm, reel C-14017.

HÔTEL-DIEU DE QUÉBEC (est. 1639)   MG 17, A 10

The Hôtel-Dieu de Québec is a hospital dating from 1639, when three Augustinian sisters from Dieppe settled in Sillery. Throughout its history, the operation and administration of the Hôtel-Dieu have been carried out by nuns.

Originals, 1908, 2.5 cm; transcriptions, n.d., 1636-1852, 42.5 cm. Finding Aid 1230.

Correspondence relating to supplies and other administrative matters, 1646-1797; correspondence of Mère Duplessis de l'Enfant Jésus, n.d., 1749-1755, and some accounts for remedies and drugs, 1732-1757; correspondence of Mère Duplessis de Sainte-Hélène, 1720-1758; correspondence with governors and administrators of New France, 1749-1759; correspondence of Monsigneur de Pontbriand and Mère Duplessis de Sainte-Hélène, 1747-1760; registers of patients cared for, 1689-1824; historical notes, 1636-1716, 1908; miscellaneous other records. Also available on microfilm, reels C-14015 to C-14017.

HOUSSER, Yvonne McKague (b. 1898)   MG 30, D 305

Born in Toronto, Yvonne McKague Housser studied at the Ontario College of Art, 1915-1920, and in Paris. She taught at the Ontario College of Art and was associated with the dissident Art Students' League. Housser exhibited her work for the first time with the Royal Canadian Academy of Arts in 1923 and then with the Group of Seven, 1928-1931. She was a founding member of the Canadian Group of Painters, and married the group's secretary, Frederick Broughton Housser. She was also a member of the Toronto Theosophical Society.

Originals, 1918-1983, 42 cm. Finding Aid 1476.

Correspondence, including letters from other theosophists and artists such as Isabel McLaughlin; biographical material and other material concerning her painting and teaching careers; financial records; letters

and poems exchanged with her husband; journals including quotations, poems, clippings and Toronto Theosophical Society circulars, as well as journal entries by both Yvonne and Frank Housser, 1921-1982; reminiscences of her studies and travels; miscellaneous personal material; reviews and articles about Housser.

IMPERIAL ORDER DAUGHTERS OF THE EMPIRE   MG 28, I 17
(National Chapter) (est. 1900)

Founded by Margaret Polson Murray of Montreal in 1900 as the Federation of the Daughters of the British Empire, and the Children of the Empire (Juvenile Branch), the order moved its headquarters to Toronto in 1901 and became incorporated in Ontario under the name the Imperial Order Daughters of the Empire (IODE), and the Children of the Empire. Its expressed objectives included the stimulation of patriotic sentiment, the fostering of a bond of union among women and children throughout the Empire, the promotion of study of the Empire, care for the dependants of military personnel, and the preservation of the memory of brave and historic deeds. Chapters were incorporated across Canada and in Bermuda, the Bahamas, India and the United States, but the organization of the proposed Imperial Chapter was never achieved. The Order has been involved in immigration, child welfare, health, social services and, recently, community affairs.

Originals, n.d., 1900-1979, 10.74 m; photocopies, 1900-1979, 26 cm; transcripts, 1900-1906, 2 cm. Finding Aid 1200.

National executive minutes, 1901-1974, national annual reports, 1952-1974, and other reports and minutes with material from the Daughters of the British Empire in the United States, photocopies and transcripts from the order's first minute book, and the first minute book of the Ontario Chapter of the Federation of the Daughters of the British Empire; constitutional material, including applications for charters from chapters inside and outside Canada; general histories of the order and related material; correspondence largely dating from the formative years of the order and documenting relations with non-Canadian affiliates such as the Guild of Loyal Women of South Africa; subject files covering a wide range of IODE projects and activities; chapter records; printed material; scrapbooks, clippings and memorabilia.

INTERNATIONAL COUNCIL OF WOMEN (est. 1888)   MG 28, I 245

The International Council of Women (ICW) was founded to unite women in a non-sectarian and non-partisan organization that would work for social reform. In structure it is a federation of National

Councils of Women, which are themselves federations of societies and associations of women in their respective countries. Lady Aberdeen, first president of the National Council of Women of Canada, was the president of the ICW, 1893-1899, 1904-1920 and 1925-1936.

Originals, n.d., 1893-1939, 1947-1961, 9.6 m. Finding Aid 1254.

Records of the ICW, mainly from the years of Lady Aberdeen's presidency, including correspondence and minutes regarding amalgamation of the ICW and the International Alliance of Women for Suffrage and Citizenship, 1920-1936; minutes, 1921-1938; correspondence between Lady Aberdeen and ICW members; correspondence, memoranda and reports concerning prospective and affiliated national councils; pamphlets and other printed material. Some material relating to Newfoundland and Canada is also available on microfilm, reel H-969.

JACKMAN, May Louise (1894-1982)   MG 30, C 210

May Louise Jackman was the second of five daughters of the Right Reverend Jervois Arthur Newnham (1852-1941), bishop of Moosonee and, later, Saskatchewan. She studied at McGill and in Paris, and taught German at the University of Saskatchewan. In 1922 she married Noel Jackman, an English immigrant, and moved to his homestead near Prince Albert, Saskatchewan. In 1928 her poor health forced them to move to Hamilton, Ontario, where she returned to teaching.

Originals, n.d., 18 pages; photocopies, n.d., c.1962, 1982, 16 pages.

May Jackman's account of her childhood at the Anglican mission at Moose Factory, the Hudson's Bay Company fort on James Bay, with descriptions of medical care, education, Indian domestic servants and other aspects of daily life; an account of her early married life, "Farming in Saskatchewan Forty Years Ago," c. 1962; other biographical material.

JENKINS, Frank Maurice Stinson (1859-1930)   MG 30, D 183
and Annie (1866-1952)

Annie Lampman, sister of poet Archibald Lampman, studied piano in Leipzig, Germany, from 1887 to 1889. She taught voice and piano in Ottawa and was the organist and choirmaster at St. George's Church, a charter member of the Ottawa Morning Music Club and founder of the Palestrina Choir. In 1892 she married Frank M.S. Jenkins, and they had four children. Their daughter, Ruth, joined the Anglican mission in China, 1920-1927, and after marrying went to Japan with her husband, missionary H.G. Watts.

Originals, n.d., [c. 1850]-1971, 1.15 m. Finding Aid 1131.

A notebook and letters written by Annie Lampman while studying in Leipzig, Germany; extensive correspondence from Ruth Jenkins describing mission life in China and Chinese politics and culture, 1920-1927, and describing life in Japan, 1927-1938; diaries kept by Annie Jenkins recording trips and daily events, 1908-1940; notebooks kept by Frank and Annie Jenkins while travelling; memorabilia such as a recipe book, [c. 1850], and appointment books.

JOSEPH, Abraham (1815-1886)   MG 24, I 61

Fanny David Joseph was a daughter in a large Jewish family in Montreal in the mid-nineteenth century. Her father, Abraham Joseph, was a prominent businessman.

Originals, 1834-1883, 17 cm; microfilm, 1834-1883, 4 reels M-185, M-186, M-200, M-805; photocopies, 1837, 1936-1937, 56 pages; transcripts, 1864, 1930, 1971, 15 pages. Finding Aid 259.

Transcripts by Fanny Joseph from her own diaries and reminiscences: extracts describing family and social life in Montreal written in 1886 from journals, 1871-1879; extracts from a notebook of reminiscences of Fanny Joseph's childhood describing family quarrels and the difficulties in finding a husband of the same religion, 1882-1883; diary with notes from lectures on religious themes, prayers and reminiscences, 1876-1883.

KITAGAWA, Muriel (1912-1974)   MG 31, E 26

Muriel Kitagawa (née Fujiwara) was born in Vancouver. She attended the University of British Columbia for one year before withdrawing to work for her father, a dentist. Evacuated from the "protected zone" of British Columbia during World War II, she relocated to Toronto, where she became active in the campaign for Japanese Canadian civil rights working on various committees of the Japanese Canadian Citizens' Association.

Originals, n.d., 1931, 1935-1959, 16.5 cm; photocopies, 1941-1942, 2 cm.

Papers pertaining to Muriel Kitagawa's relocation and her activities on behalf of Japanese Canadian civil rights, including family correspondence written during evacuation, 1938-1942; British Columbia Security Commission travel documents and material relating to the repatriation of Mrs. T. Fujiwara from Japan to Canada, 1942-1948; articles on Japanese evacuation and relocation; minutes, submissions and reports of the Japanese Canadian Citizens' Association; cor-

respondence, notes and background papers for the National Citizenship Seminar, 1958; miscellaneous notes and pamphlets.

KITTREDGE, Belle (c. 1868-1959)   MG 29, C 114

Belle Kittredge was born in Strathroy, Ontario, and worked in the Port Arthur law office of her uncle Frank Keefer in the 1890s. She subsequently earned a Master of Arts degree at the University of Toronto, attended normal school and taught kindergarten.

Originals, 1891-1892, 1 cm.

Diary of Belle Kittredge's social life over the winter and spring of 1891-1892 in Port Arthur. She describes sports, Christmas celebrations, church activities, her role in a military concert, and a debate in which she argued in favour of women entering the professions.

KYSILEWSKA, Olena (1869-1956)   MG 31, H 42

Olena (née Simenovych) Kysilewska was born in the Western Ukraine. She joined the first Ukrainian women's organization, founded by Natalia Kobrysnka, in 1884. She wrote books and articles, and published two women's newspapers: *Zinocha Dolia* (Woman's Destiny), the first Ukrainian women's weekly, with a section for Ukrainian Canadian subscribers, and later a monthly, *Zinocha Volia* (Women's Will). From 1928 to 1935 she served in the Polish Senate. She spent most of World War II in displaced persons camps in Western Europe, and emigrated to Canada in 1948. She was first president of the World Federation of Ukrainian Women's Organizations from 1948 until her death in 1956.

Originals, 1885-1976, 3.93 m. Finding Aid 1516.

Material about the Ukrainian women's movement, including personal documents; biographical materials; diaries, 1884-1886, 1939-1953, and memoirs; notebooks and clippings; manuscripts, notes and drafts of articles; speeches; biographical notes on contemporaries such as Natalia Kobrynska; radio broadcasts; personal correspondence; correspondence with organizations such as the Ukrainian Catholic Women's League, Ukrainian Women's Organization, Union of Ukrainian Women in Emigration, World Federation of Ukrainian Women's Organizations; miscellaneous circulars and programs; clippings; publications, including several collections of Ukrainian women's periodicals.

LaMARSH, Judy (Julia Verlyn) (1924-1980)   MG 32, B 8

Judy LaMarsh was born in Chatham, Ontario, and served as the head
of the Tactics and Strategy Intelligence Team at the Pacific Military
Research Section during World War II. After the war she studied at the
University of Toronto and Osgoode Hall, and in 1950 joined her
father's law firm. She was elected to the House of Commons for
Niagara Falls in 1960, 1962, 1963 and 1965, and served as minister of
National Health and Welfare from 1963 to 1965. As secretary of state,
1965-1968, she established the Royal Commission on the Status of
Women. After she retired from politics in 1968, LaMarsh worked as a
law professor, political columnist and broadcaster, and wrote her
political autobiography and several political novels.

Originals, 1915-1980, 6.15 m; microfilm, 1963-1968, 5 reels, M-2515 to
M-2519. Finding Aid 1301.

Biographical notes and clippings pertaining to family matters and to
LaMarsh's early military and law experiences; correspondence,
memoranda, reports, minutes, subject files and other material concerning her political career; drafts, organization files and reviews of
her books, *Memoirs of a Bird in a Gilded Cage* (c. 1969) and *A Very
Political Lady* (c. 1979); correspondence and memoranda relating to her
post-political career, including material on feminist issues, events and
publications.

LAPP, Eula (1905-1991) and   MG 30, C 195
LAPP, the Rev. Gordon (b. 1904)

Eula Lapp (née Carscallen) was born in Red Deer, Alberta, and
worked as a teacher before marrying in 1930. Her husband, Gordon
Lapp, became a United Church minister in 1937 and they served
congregations in Ontario and Alberta. Eula Lapp was involved in
youth and women's organizations; she was a member of the National
Girls' Work Board and was active in Canadian Girls In Training
groups. The Lapps taught courses in Christian education, gave talks
to church groups, directed summer youth camps, and wrote articles
for church publications. Eula Lapp has been a member of the
Canadian Authors' Association and is the author of *China Was My
University* (1980), a biography of her aunt, Hulda May Carscallen.

Originals, 1910, 1912-1987, 1.58 m. Finding Aid 1329.

Papers reflecting Eula Lapp's involvement in the United Church, the
CGIT, and the CAA, such as diaries; scrapbooks; CGIT material;
material on the Toronto, Alberta and National Girls' Work Boards;
general files, including speeches, talks and articles by Eula Lapp,

material on the United Church Women and its predecessors, the Women's Association of the United Church of Canada and the Woman's Missionary Society, and the diary kept by Eula Lapp, "Tales of a Tired Teacher," 1926-1928; documents concerning her writing career; personal correspondence; material relating to Nellie McClung; notes on the diaries of Hulda May Carscallen.

LARNDER, Margaret Robinson Montgomery (b. 1911)   MG 31, J 24

Margaret Larnder (née Montgomery) was born in Winnipeg. She studied history and French at the University of Manitoba, and won a scholarship to study in Paris, 1932-1934. On her return to Canada she taught, and in 1941 joined the civil service in Ottawa. After World War II she studied geography (with a special emphasis on the Arctic) at McGill, and then worked as a geographer, mainly for the Canadian government.

Originals, n.d., 1885, 1932-1975, 0.80 m. Finding Aid 1767.

Larnder's letters to her parents from Paris detailing her studies and personal life, 1932-1934, and extensive correspondence with her parents, 1937-1966; other personal correspondence; material relating to Larnder's thesis on Labrador, her work as a geographer and the history of Canadian hydrography and Arctic exploration.

LAWRENCE, Louise de Kiriline (b. 1894?)   MG 31, J 18

Louise de Kiriline Lawrence (née Flach) was born in Sweden. She enlisted as a Red Cross nurse during World War I at a prisoner-of-war exchange camp in neutral Denmark, where she met and married wounded Russian Army officer G.N. Kiriline. He disappeared in the collapse of the White Army, and, after four years searching for him in Soviet Russia, Louise de Kiriline immigrated to Canada. She became known for her *Chatelaine* articles about her experiences as a nurse to the Dionne quintuplets. In 1939 she married Leonard Lawrence and started a serious study of the birds of Northern Ontario.

Originals, n.d., 1922-1986, 2.2 m. Finding Aid 1742.

Biographical notes, legal documents, and awards; correspondence with individuals, publishers, periodicals, organizations and others; manuscripts on general subjects as well as ornithology; wildlife studies and ornithological notes; articles about Louise de Kiriline Lawrence; clippings; periodicals.

The Liberal Party of Canada was established in November 1932 as a federation of provincial Liberal parties, and was known from 1932 to 1964 as the National Liberal Federation. The National Federation of Liberal Women/Women's Liberal Federation of Canada (WLFC) was established at the First National Assembly of Liberal Women, held in Ottawa in 1928. In addition to its partisan political objectives the federation endeavoured to raise the status and advance the political education of women. In November 1970 the WLFC was dissolved when women were integrated into the National Liberal Federation.

Originals, n.d., 1878-1987, 257 m; microfilm, 1948-1971, reel M-2178. Finding Aid 655. (In process)

Records of the WLFC: correspondence, reports, memoranda and notes created and received by executive officers in the national office and the national executive committees; minute books of the women's branch; records of the WLFC national meetings and conventions; records documenting relations with the National Liberal Party of Canada and the provincial women's Liberal associations; files created by WLFC for use in the general elections, including campaign material directed at women; reference files with publications of the WLFC. The in-process material includes records of the National Women's Liberal Commission during the 1970s and 1980s, and the files of Liberal Party president Iona Campagnolo.

LUCAS, Louise (1885-1945)   MG 27, III D 6

Louise Lucas is popularly referred to as the mother of the Co-opera-tive Commonwealth Federation movement in Saskatchewan. She worked as an organizer for the United Farmers of Canada (UFC), Saskatchewan Section, and served as the director and president of the Women's Section of the UFC. In 1935 she unsuccessfully contested the federal constituency of the Battlefords, and in 1940 that of Melville. She was a candidate again in 1944 but had to withdraw because of ill health.

Originals, 1928-1948, 30 cm.

Correspondence, notes, memoranda and other material pertaining to the UFC; reports, lists, correspondence, notes and newspaper clip-pings relating to the Provincial Council of Women; correspondence and printed matter pertaining to school trusteeship; material on state health plans; correspondence, lists, reports and other material con-cerning the CCF and the CCF Youth Movement; biographical material, including a typescript of *The Louise Lucas Story, This Time*

Tomorrow (1965), a biography of Louise Lucas by Jim Wright based on her reminiscences.

MacBETH, Madge (1883-1965)   MG 30, D 52

Madge (née Lyons) MacBeth was born in the United States and educated at Hellmuth College, London, Ontario. In 1901 she married and moved to Ottawa. Widowed a few years later, she supported her family by writing light fiction and journalism. She satirized traditional gender roles in *Shackles* (1926), a portrait of a housewife confined by her domestic role, and *The Patterson Limit* (1923), a romance about a woman fire ranger. She served as president of the Ottawa Drama League, the Ottawa Branch of the Canadian Women's Press Club and the Canadian Authors' Association.

Originals, n.d., 1889-1955, 1.3 m. Finding Aid 367.

Correspondence; subject files largely pertaining to finances and publishing; manuscripts of novels, short stories, scripts and essays; scrapbooks containing clippings, correspondence, programs and other material, 1899-1945; clippings; travel diary, 1933; diary, 1938-1945.

MacDONALD, Flora Isabel (b. 1926)   MG 32, B 26

Flora Isabel MacDonald was born in Nova Scotia, and was educated at Empire Business College and the National Defence College, where she was the first woman to graduate from the one-year program in Canadian and International Studies. MacDonald was executive director of the Progressive Conservative (PC) Party National Headquarters, 1961-1966, and administrative officer and tutor at the Department of Political Science, Queen's University, 1966-1971. She acted as a consultant to the Royal Commission on the Status of Women. She was elected to the House of Commons as the PC candidate for Kingston and the Islands in 1972 and re-elected in 1974, 1979, 1980 and 1984. In 1976 she was the only woman candidate for the PC leadership. She was appointed secretary of state for External Affairs, 1979, minister of Employment and Immigration, 1984, and minister of Communications, 1986. She retired from politics in 1988.

Originals, 1952-1980, 20.42 m. (In process)

Personal correspondence, diaries, memoranda, notes and memorabilia reflecting MacDonald's pre-political and political careers, including material on her campaign for the PC leadership, and her term as Minister of External Affairs, as well as material on the Elizabeth Fry Society, the Committee for an Independent Canada, the

Political Science Department at Queen's University, and the National Defence College in Kingston.

MacDONALD, Margaret Clotilde (1879-1948)   MG 30, E 45

Margaret C. Macdonald served as matron-in-chief with the Canadian Forces in Europe during World War I. After the war, she did research for an official account of Canadian military nursing, but retired before completing the work.

Originals, 1916-1953, 10 cm.

Notes, memoranda, articles, narratives, correspondence and extracts from war diaries assembled for an official history of nursing in the service, including letters, 1923, relating to the involvement of nurses in the North West Rebellion in 1885.

MacEWAN, Elizabeth (fl. 1904-1955)   MG 31, H 7

Elizabeth MacEwan went to Cobalt in 1904 with her husband, Peter MacEwan, a prospector during the silver strike. She was the first school teacher in the mining town.

Originals, 1955, 38 pages.

An account entitled "Early Days in Cobalt," prepared by MacEwan for the University Women's Clubs of Northern Ontario, with descriptions of the people and town during the silver strike.

MacGILL, Elsie Gregory (1905-1980)   MG 31, K 7

Elsie Gregory MacGill was the daughter of an early feminist, Judge Helen Gregory MacGill. She was the first woman to receive a Bachelor of Science degree in electrical engineering at the University of Toronto, and the first woman to graduate in aeronautical engineering at the University of Michigan. She won many awards and honours for her work as an aeronautical engineer and opened her own consulting practice in 1943. She was also president of the Ontario Business and Professional Women's Clubs and served as a commissioner on the Royal Commission on the Status of Women. She wrote *My Mother the Judge: A Biography of Helen Gregory MacGill* (1955).

Originals, n.d., 1911-1983, 5.2 m. Finding Aid 1462.

Reports, memoranda, a complete set of annotated minutes and other material on the Royal Commission on the Status of Women; briefs, minutes, newsletters and correspondence of international, national,

provincial and local business and professional women's clubs; annual reports and position papers of the Advisory Council on the Status of Women, 1971-1980; annual reports, briefs and publications of the National Action Committee on the Status of Women; material relating to aeronautical engineering and engineering in general; family correspondence, diaries and datebooks; correspondence, memoranda and reviews about *My Mother the Judge*; subject files; biographical information.

MACHIN, Annie (fl. 1873-1899)   MG 29, C 105

Annie Machin was born in Sherbrooke, Quebec, brought up in Quebec City and educated in England. She trained as a nurse at St. Thomas Hospital in London, England. She was the superintendent at the Montreal General Hospital from October 1875 until June 1878, when she resigned because of disagreements with the Hospital Committee. She was lady superintendent of St. Bartholomew's in London, 1878-1881, when she established a hospital in Bloemfontein, South Africa. She nursed in Kimberley during the South African (Boer) War and died there.

Microfilm, 1873-1879, Reel A-1027.

Letters mainly from Florence Nightingale to Annie Machin discussing problems at the Montreal General Hospital, the suitability of nurses sent from St. Thomas Hospital, nursing shifts and training, and Machin's return to England; other material.

MacINNIS, Grace (1905-1991)   MG 32, C 12

Grace MacInnis worked for her father, J.S. Woodsworth, the founder and leader of the Co-operative Commonwealth Federation (CCF), and was parliamentary correspondent for a group of weekly newspapers before becoming a member of the Legislative Assembly of British Columbia (1941-1945). She was elected New Democratic Party (NDP) member of Parliament for Vancouver-Kingsway in 1965, 1968 and 1972. MacInnis was the NDP critic for Consumer Affairs, served on the Standing Committee on Health, Welfare and Social Affairs and the Special Committee on Food Prices, and was prominent in the 1960s abortion debate. She held senior positions in the CCF and NDP parties and wrote *J.S. Woodsworth, A Man to Remember* (1953).

Originals, 1910, 1918, 1928-1951, 1967-1977, 4.6 m. Finding Aid 1051.

Subject files with correspondence, speeches and other material relating to consumer affairs, social legislation and women's issues such as abortion, birth control, child care and the Royal Commission on the

Status of Women; parliamentary files with annotated excerpts from the *House of Commons Debates*, resolutions, motions and questions concerning MacInnis's career in Parliament; speeches, correspondence and other material pertaining to personal and political life; clippings and scrapbooks.

MacLELLAN, Margaret (d. 1973)   MG 31, E 17

Margaret MacLellan worked in the public service in Ottawa, 1931-1964. A founding member of the Canadian Committee on the Status of Women (CCSW) and the Ottawa branch of the Elizabeth Fry Society (EFS), she was president of the Canadian Federation of University Women (CFUW), 1961-1964, vice-president of the National Council of Women of Canada (NCWC), 1964-1967, and involved in the National Ad Hoc Committee on the Status of Women in 1970. She prepared a report for the Royal Commission on the Status of Women, "The History of Women's Rights in Canada."

Originals, 1901-1972, 2.2 m. Finding Aid 513.

Subject files with correspondence, memoranda, speeches, clippings, printed material, briefs and submissions, relating to personal matters, organizations such as the CFUW, NCWC, EFS and CCSW, and a wide range of issues concerning women.

MacNAB, Sir Allan Napier (1798-1862)   MG 24, B 17

Sophia MacNab (b. 1832) was the daughter of Mary Stewart of Brockville, Ontario, and Sir Allan Napier MacNab, a major political figure in Upper Canada. In 1855 she married William Keppel, Viscount Bury.

Originals, n.d., 1839-1846, 8 pages; photocopies, 1832, [1854], 21 pages; microfilm, 1815-1884, 2 reels, A-22 and A-305. Finding Aid 102.

The diary of Sophia MacNab for January to July 1846, dealing with her home life in Hamilton, the illness and death of her mother, and travels in Montreal and Quebec; and a scrapbook relating to Viscount Bury's travels in Canada, 1883-1884, with Sophia (MacNab) Keppel and their two daughters (Theodora and Hilda, who compiled the scrapbook). The diary has been published as *The Diary of Sophia MacNab*, eds. C.A. Carter and T.M. Bailey (Hamilton, 1968).

MacPHAIL, Agnes Campbell (1890-1954)   MG 27, III C 4

Agnes Macphail was a rural school teacher who entered politics through her involvement with the Ontario Agricultural Cooperative Movement and the United Farmers of Ontario. In 1921 she was the

first woman elected to the House of Commons. She remained in Parliament as a Progressive Party member, and then as an independent, until 1940. She was a Co-operative Commonwealth Federation member of the Ontario Legislative Assembly, 1943-1945 and 1948-1951. Macphail was interested in women's issues as well as rural concerns, and helped bring about Ontario's first equal pay legislation (1951). She founded the Elizabeth Fry Society of Canada and participated in the Women's International League for Peace and Freedom.

Originals, 1921-1945, 1.02 m. Finding Aid 107.

General correspondence, including letters from Nellie McClung, Cairine Wilson, Dorise W. Nielsen and Thérèse Casgrain; subject files with memoranda, clippings, pamphlets and notes; letters to the press, including weekly reports to her constituents; newspaper clippings referring to Macphail; manuscripts and notes, including speeches on women's role in society; miscellaneous items.

MALLETT, Jane (1899-1984)   MG 30, D 210

Jane Mallett (née Keenleyside) was born in London, Ontario, and acted under her maiden name and a stage name, [Jane?] Aldworth, during her early career. She made her debut at a stock company engagement at the Empire Theatre, Toronto, and was active from 1934 in a series of revues such as *Town Tonics*, *Fine Frenzy* and *Spring Thaw*. She also appeared in numerous radio and television performances. She was founder and president of the Actors' Fund of Canada.

Originals, 1916-1979, 55 cm. Finding Aid 206.

Correspondence, 1928-1953; subject files including programs, promotional material, scripts and clippings; manuscript biographical notes by Mallett; biographical clippings; other material.

MANN, Marjorie (b. 1909)   MG 32, G 12

Marjorie Mann was born in Toronto and taught in Windsor before marrying and moving to Ottawa, where she was chairman of the Ottawa Young Women's Christian Association, 1945-1947. She was instrumental in the formation of the Ontario Co-operative Commonwealth Federation (CCF) Women's Committee and was the chairperson, 1947-1950. In 1950 she returned to teaching and became the head of the English Department of the Ottawa Board of Education. She chaired the New Democratic Party (NDP) Federal Women's Committee, 1962 to 1967, and during the 1970s worked on behalf of senior citizens.

Originals, 1934-1981, 90 cm. Finding Aid 1327.

Correspondence, minutes, agenda, questionnaires and reports relating to the national and Ontario CCF women's committees, the NDP Federal Women's Committee and various provincial and local NDP women's committees; correspondence, working papers, manuscripts and publications concerning the CCF and NDP; personal correspondence and miscellaneous publications reflecting Mann's activities; other material.

MANSFIELD, Lempi Dagmar (b. 1904)   MG 31, H 95

Lempi Dagmar Mansfield (neé Klinga) was born in Finland and immigrated to Northern Ontario with her family in 1913. Her father, Nestor Klinga, was involved in Finnish-Canadian socialist and cooperative organizations, and Lempi Mansfield was active in the wider community, working with the Daughters of the Eastern Star and the South Porcupine Consumers Co-Op Credit Union. She wrote an autobiography, *Aim for the Broom.*

Originals, 1909-1981, 20 cm. Finding Aid 1358.

The papers document the adaptation of a first-generation immigrant family and include correspondence; diaries, 1917-1918, 1927, 1932-1933, 1940-1949; scrapbooks; clippings; published material such as programs, periodicals, sheet music and books; a corrected typescript of Mansfield's autobiography.

MARIE DE L'INCARNATION, née Marie Guyart   MG 18, E 28
(1599-1672)

Marie Guyart, widow of Claude Martin, entered the Ursuline cloister at Tours and took the name Marie de l'Incarnation. She arrived in Quebec in 1639 and established a convent for the education of young Indian and French girls. The letters are an important source for the history of the period 1645-1672.

Transcription, 1645-1672, 417 pages.

"Lettres morales et édifiantes de Marie de l'Incarnation, supérieure des Ursulines au Canada (Amérique)." Also available on microfilm, reel C-1719.

MAUFFETTE, Guy (b. 1915)   MG 30, D 347

Estelle Mauffette (1904-1984) was born in Montreal to an artistic family that included her brother Guy Mauffette, the actor and Radio-

Canada host and producer. After studying dramatic arts she taught diction and established herself as an actress. She was known for her poetry recitals and her radio work, especially her portrayal of Donalda in *Un homme et son péché*. In theatre she played opposite such noted performers as Ethel Barrymore and Adolphe Menjou.

Originals, [n.d.], 1882-1986, 5.17 m. Finding Aid 1741.

The documents of Estelle Mauffette contain, among others, correspondence, 1903-1984; texts for roles presented on radio; texts for different types of roles; files on subjects containing poems, journals of trips in Europe, agenda, personal journals, scholarly works; various programs; family documents; newspaper clippings.

McFADDEN, Lizzie (fl. 1879)   MG 29, C 25

In the summer of 1879 Lizzie McFadden travelled by ox-wagon from Winnipeg to Prince Albert, North-West Territories, with her parents.

Originals, 1879, 38 pages.

Journal kept by McFadden, 3 July to 26 August 1879, while travelling from Winnipeg to Prince Albert, North West Territories, with descriptions of other settlers, Indians, travelling conditions, difficulties with oxen, and problems finding and preparing food.

MEDIA CLUB OF CANADA (est. 1904)   MG 28, I 232

The Canadian Women's Press Club was established in 1904 as a national association for professional women writers and illustrators. Kathleen Blake (Kit) Coleman was elected the club's first president. Local branches were established across Canada and members met at annual and later biennial national meetings, where they held business meetings, craft discussions, social events and tours to provide copy for members' newspapers. In 1913 a beneficiary fund was established for members in need of financial assistance, and the Members Memorial Awards were set up in 1935. In 1971 the club opened its membership to men and, shortly after, changed its name.

Originals, 1905-1980, 10.52 m; microfilm, 1906-1969, 2 reels, C-4474 and M-7717. Finding Aid 1006.

Minutes and reports, 1907-1975; material concerning conferences, 1913-1975; executive files; membership files, including files on Kit Coleman, Helen Gregory MacGill, Nellie McClung, Emily Murphy, Lillian Beynon Thomas and Charlotte Whitton; subject files, including a survey of working conditions for women journalists in Canada and

files on the Association internationale des journalistes de la presse féminine, Cercle des femmes journalistes, National Federation of Press Women (U.S.A.), World Association of Women Journalists and Writers, the Women's News Service; committee files; newspackets and quarterly newsletters, 1928-1975; clippings, scrapbooks and other printed material; files of the Ottawa, Edmonton and other CWPC branches.

MERRIL, Judith (b. 1923)   MG 30, D 326

Judith Merril (Grossman) Merril was born in New York. She became involved in science fiction fan circles and published her first short story, "That Only a Mother," in 1948. Between 1950 and 1968 she published 19 science fiction anthologies and wrote two novels, *Shadow on the Hearth* (1950) and *The Tomorrow People* (1963). In 1968 she emigrated to Canada, and became active in the movement against the war in Vietnam and participated in numerous conferences on science fiction, futuristics and social change. She has written for radio and television, taught creative writing, published collections of short stories, and edited a collection of Canadian science fiction stories, *Tesseracts* (1986).

Originals, 1922-1984, 15.4 m. Finding Aid 1651.

Papers reflecting Merril's involvement in science fiction and in Canadian anti-war, feminist, and alternative society associations, including correspondence with P.K. Page, Katherine Govier, Joy Kogawa, Penney Kome, Helen Lucas, Adele Wiseman and Susan Wood; personal and family correspondence; journalism files; teaching files; research material on Japan and Korea; subject files.

MONK, James (c. 1707-1768) and Family   MG 23, G II 19

Members of the Monk family held several important positions in the judiciary and government of Nova Scotia and Lower Canada from the mid-eighteenth century to the mid-nineteenth century.

Originals, 1735-1936, 1.06 m; Finding Aid 286.

Correspondence, diaries, poetry and other papers reflecting the interests and activities of many women in the Monk family, including Elizabeth Adams Monk, 1784; Elizabeth Gould Monk and her niece Sarah, 1785; Anne Amelia Gugy Monk, 1824-1834; Rosalie Caroline Debartzch Monk, 1836-1848; Elizabeth Ann Monk Aubrey, 1800-1843; Georgiana Henriette Monk; Jane Pangman Monk and others. Most of the collection is also available on microfilm, reels C-1451 to C-1453 and C-1463.

MONTREAL COUNCIL OF WOMEN (est. 1893)   MG 28, I 164

The Montreal Council of Women (MCW) is an umbrella organization of Montreal women's organizations that has sought to represent the interests and meet the needs of women, children and the under-privileged in the Montreal area. The council has worked for reforms in public health, women's rights and child welfare. It is affiliated with the National Council of Women of Canada (NCWC) and through it with the International Council of Women.

Originals, n.d., 1893-1973, 2.44 m; Finding Aid 1024.

Constitution and by-laws; minutes, 1908-1965; annual reports and yearbooks, 1896-1973; membership list, 1902; publications, 1949-1966; material pertaining to MCW projects such as legal reforms, charity work among female prisoners, health care and the integration of immigrants; resolutions, briefs and reports, 1908-1973; subject files containing correspondence, reports, clippings and related material; material on other organizations such as the Quebec Women's Institute, the NCWC and the ICW; scrapbooks; published reports and pamphlets.

MOODIE, Susanna (1803-1885)   MG 29, D 100

Susanna Moodie had already established a literary career in England when she immigrated to Upper Canada with her husband in 1832. She was the author of the study of pioneer life *Roughing It in the Bush* (1852) and its sequel *Life in the Clearings* (1853), as well as a number of sentimental novels. Her brother, Samuel Strickland, and sister, the naturalist Catharine Parr Traill, also established themselves as writers in Canada.

Originals, n.d., 1828-1871, 10 cm; microfilm, n.d., 1830-1871, 2 reels, A-1182 and A-1411.

Manuscripts of three poems and two short stories by Moodie; correspondence and clippings; a copy of *Roughing It in the Bush*; other material relating to Susanna Moodie's writings.

MORGAN, Martha (fl. 1892-1893)   MG 29, C 85

Martha Morgan (née Silver) was a young domestic servant in England. In 1892 a friend of hers, Martha Pritchard, was hired to work in the James Humphrys household at Cannington Manor, North West Territories. Pritchard worked there from 13 May 1892 until the fall of 1893, when she went to New York State.

Originals, 1892-1893, 2.5 cm.

Nine letters from Pritchard to Morgan describing her life as a domestic servant at Cannington Manor, comparing the work to that in previous situations, and describing the family and community. Also available on microfilm, reel H-1229.

MORTON, John (1839-1912) and Sarah   MG 30, D 89

Sarah Ether Morton (née Silver) was born in Halifax, Nova Scotia, and went to Trinidad in 1868 with her husband John Morton, a Presbyterian minister, to establish a mission. She raised four children in Trinidad, and in 1889 opened a home for Indian girls at Tarapura. Her reports about mission work were published in the *Maritime Presbyterian*.

Microfilm, 1856-1912, 2 reels, M-1905 and M-1906.

Scrapbooks, 1863-1912, with letters from Sarah Morton describing domestic matters and missionary work.

MURRAY, Joan (b. 1943)   MG 31, D 142

Joan Murray graduated with an Master of Arts degree in Canadian art from the University of Toronto, and another in modern art from Columbia University of New York. Since 1974 she has been director of the Robert McLaughlin Gallery, Oshawa, Ontario, and has lectured and organized numerous exhibitions of the work of Canadian artists.

Originals, n.d., 1972-1985, 30 cm.

Transcripts of interviews conducted with artists and others involved in Canadian art, including women such as Molly Bobak, Paraskeva Clark, Isabel McLaughlin, Mary Pratt, Marian Scott and Joyce Weiland; exhibition catalogues; personal correspondence.

NATIONAL COUNCIL OF WOMEN OF CANADA   MG 28, I 25
(est. 1893)

The National Council of Women of Canada (NCWC) was formed in 1893 under the leadership of Lady Aberdeen to unite women in a non-partisan and non-sectarian movement and to work towards social reform. It is a federation of national women's organizations and provincial and local councils of women, and is itself a member of the International Council of Women. The NCWC has been instrumental in establishing the Victorian Order of Nurses, the Children's Aid

Societies and the Canadian Association of Consumers. The NCWC is affiliated with the International Council of Women.

Originals, 1893-1985, 14.25 m. Finding Aid 694.

Records of the NCWC, including minutes, 1893-1974; Lady Aberdeen's correspondence, 1893-1918; general correspondence, 1893-1978; subject files with minutes and resolutions of annual meetings, and files on related organizations, the International Council of Women, and local councils; financial records; reference material such as scrapbooks, clippings and printed material; publications of the NCWC and other councils, 1896-1984. The NCWC's published annual reports are available in the National Archives Library. Photographs have been transferred to the Documentary Art and Photography Division.

NIELSEN, Dorise Winifred (1902-1980)   MG 27, III C 30

Dorise Webber emigrated from London, England, in 1927 and taught school in Saskatchewan before marrying Peter Olesen Nielsen, a farmer and homesteader. She became involved in agrarian politics and in 1937 was elected to the provincial council of the Co-operative Commonwealth Federation. She won in the federal riding of North Battleford, Saskatchewan, in the 1940 general election as a United Progressive or "Unity" Party candidate, and became known as a spokesperson for the Communist Party of Canada. In 1944 she published "New Worlds for Women," about women in the labour force. After her defeat in 1945 she continued to work for the CPC. In 1957 she emigrated to China and worked there as a teacher and editor until her death in 1980.

Originals, n.d., 1938-1977, 35 cm. Finding Aid 1404.

Memoirs about Nielsen's early life; correspondence, memoranda, clippings, ephemera, biographical and other notes, 1938-1976; political and travel journals, largely pertaining to China.

OSTRY, Sylvia (b. 1927)   MG 31, E 34

After receiving her doctoral degree from McGill University in 1954, Sylvia Ostry (née Knelman) taught labour and manpower economics at four Canadian universities. She has been appointed to several key positions in the fields of economics and international trade, including director, Economic Council of Canada (1969); chief statistician of Canada (1972); deputy minister, Consumer and Corporate Affairs (1975); chairman of the Economic Council of Canada (1978); deputy minister (International Trade) and coordinator for international

economic relations, Department of External Affairs (1984); and ambassador for multilateral trade negotiations, Department of External Affairs (1985). She is co-author of *Labour Economics in Canada* (1979) and has published widely on empirical subjects and policy analysis.

Originals, c. 1969-1979, 6 m.

Speeches, articles, conference files, subject files and correspondence reflecting Dr. Ostry's work at Consumer and Corporate Affairs, Statistics Canada and the Economic Council of Canada.

PAGE, Patricia Kathleen (b. 1916)   MG 30, D 311

Patricia Kathleen (P.K.) Page was born in England and raised in Alberta. In the early 1940s she moved to Montreal and became part of the group of writers associated with the literary journal *Preview*. She worked as a scriptwriter for the National Film Board, and travelled with her husband, W.A. Irwin, on diplomatic postings before settling in Victoria, B.C., in 1964. She has published six collections of poetry, one of which won the Governor General's Award. In 1987 her *Brazilian Journal*, excerpts from a diary kept while living in Brazil, was shortlisted for another Governor General's Award. Page is also a well known painter, under the name P.K. Irwin.

Originals, 1877-1983, 3.82 m. Finding Aid 1655.

Drafts and copies of Page's published and unpublished poems, critical and autobiographical writings, fiction, scripts and plays; manuscripts by other writers; correspondence from writers, artists, acquaintances and friends; subject files with material on the publication of Page's poetry, the exhibition and sale of her paintings and drawings, her readings and teaching, studies of her work, and organizations with which she had dealings; personal and family material.

PAPINEAU FAMILY   MG 24, B 2

Julie Bruneau was the daughter of Pierre Bruneau, a Quebec merchant and member of the House of Assembly. In 1818 she married Louis-Joseph Papineau, a lawyer and seigneur who would become a leading nationalist politician in Lower Canada. They had five children. Julie Papineau joined her husband in political exile in France after 1839, but returned to Canada without him in 1843. He followed at her insistence two years later. Their eldest son, Louis-Joseph-Amédée (1819-1903), was married to Mary Eleanor Westcott Papineau (1823-1890).

Originals, 1600-1915, 2.64 m; transcripts, 1542-1915, 40 cm; photocopies, 1805-1915, 16 cm. Finding Aid 292.

Papers and correspondence of Julie Bruneau Papineau and other women in the Papineau family; extensive correspondence between L.-J. Papineau and Julie Bruneau Papineau, mostly by Papineau, 1820-1859, dealing with family and personal matters and with his public interests and political career. Amédée Papineau's journal, c. 1837-1855, which is in part a record of his marriage and relationship with Mary Eleanor Westcott Papineau. The entire collection is also available on microfilm, reels C-14025 and C-15788 to C-15799.

PARENT, Madeleine (b. 1918) and R. Kent Rowley   MG 31, B 19
(1918-1978)

Madeleine Parent was born in Montreal and graduated from McGill University in 1940. She joined the United Textile Workers of America (UTWA) during World War II and with R. Kent Rowley organized textile workers throughout Ontario, Quebec and the Maritimes. In 1946 workers they organized and won a strike against Dominion Textile. Parent was convicted of seditious conspiracy in 1947, but was later acquitted. In 1952, after a dispute with UTWA international headquarters, Parent and Rowley set up the Canadian Textile Council. They married in 1953. In 1969 they were instrumental in the formation of the Council of Canadian Unions.

Originals, n.d., 1939-1975, 3.45 m. Finding Aid 1184.

Records documenting Parent and Rowley's involvement in the UTWA and CTC, and including legal files, correspondence, local union files, subject files, conference material, publications and charters.

PARK, Frank (b. 1910) and Libbie (b. 1900)   MG 31, K 9

Libbie Rutherford was born in Montreal and studied public health nursing at the University of Toronto. She served with the United Nations Relief and Rehabilitation Administration (UNRRA) in Europe. After World War II she was secretary for the Health Division of the Toronto Welfare Council, the Congress of Canadian Women, and the Toronto Peace Council. She married Francis W. Park in 1948. Their trip to Eastern Europe and the Soviet Union resulted in the book *Moscow: As Two Canadians Saw It* (1951), the first of several collaborations, which included *The Power and the Money* (1958) and *Anatomy of Big Business* (1962). The Parks were active in the labour and peace movements in Canada and from 1959 to 1968 they lived in Latin America and wrote for Radio Havana. In 1978 Libbie Park co-authored *Bethune: The Montreal Years, An Informal Portrait*.

Originals, 1866, 1935-1978, 6 m. Finding Aid 1194.

Libbie Park's reports of her work with the UNRRA; material concerning the Parks' political activities, including research material and manuscripts of their books; files on peace, labour and civil liberty organizations such as the Congress of Canadian Women and the Women's International Democratic Federation.

PERRAULT, Joseph-François (1753-1844)   MG 24, K 9

Born in Quebec City, J.-F. Perrault was a court clerk, member of the legislature for Huntingdon, 1796-1800, and protonotary for Quebec, 1802-1844. He was interested in primary education, and published manuals on the subject.

Originals, 1798-1830, 329 pages; microfilm, 1832, 1 reel, M-3133.

Includes a manuscript, 1830, of the third part of a manual by Perrault concerning the education of girls in the Faubourg Saint-Louis neighbourhood of Quebec City, particularly regarding domestic science.

PETERKIN, Irene (fl. 1915-1917)   MG 30, E 160

Irene Peterkin's sister, Ruby G. Peterkin, served in France and Greece as a nursing sister during World War I.

Originals, 1915-1917, 2.5 cm.

Letters to Irene Peterkin of Toronto from nursing sister Ruby G. Peterkin describing the living and working conditions in the medical stations.

POPP, Mary (b. 1897)   MG 31, H 17

Mary Popp was the daughter of German immigrant parents. She married a farmer in Langenburg, Saskatchewan, and raised a family there.

Photocopies, 1967-1972, 140 pages.

Memoirs written between 1967 and 1972 about Mary Popp's early life, with descriptions of farm work at her parents' homestead, family life, the German immigrant community, courtship and marriage, and household chores after her marriage.

PREVOST, Sir George (1767-1816)   MG 24, A 9

Sir George Prevost was lieutenant-governor and commander-in-chief of Nova Scotia from 1808 to 1811, when he became administrator of Lower Canada. In 1812 he became governor of Lower Canada, governor-in-chief of British North America, and nominally commander-in-chief of His Majesty's Forces in Upper Canada. He returned to England in 1815.

Transcripts, 1810-1815, 13 cm. Finding Aid 982.

Numerous letters that Prevost, as governor, received from women, usually widows of soldiers, requesting financial assistance for themselves and their children in the form of allowances and pensions. The letters usually give details of the petitioners' economic and social situations.

PROGRESSIVE CONSERVATIVE PARTY OF CANADA   MG 28, IV 2

The Progressive Conservative (PC) Party began as a coalition of Liberals and moderate Conservatives in 1854, and was broadened at Confederation with the addition of the Conservative parties of the Maritime provinces. At its Winnipeg convention in 1942, the National Conservative Party was renamed the "Progressive Conservative Party of Canada." Women took an active role in party matters in the Women's Conservative Association, the Women's National Advisory Committee and the Women's Bureau.

Originals, 1854-1987, 444.64 m, Finding Aid 138. (In process)

Reports, correspondence, minutes and newsletters relating to the executive and officers' committees of the PC Women's Association (1936-1966) organized alphabetically by subject title. Among the in-process papers are records relating to the PC Party Women's Association (1938-1966) and Women's Bureau (1951-1987).

RAMEZAY FAMILY   MG 18, H 54

Claude de Ramezay (1659-1724) was governor of Trois-Rivières and Montreal before becoming acting governor of New France during 1714-1716. His daughter, Louise de Ramezay (1705-1776), was the administrator of sawmills inherited from her father. She was also half-owner of the seigneuries of Bourchemin and de Ramezay-La Gesse, and heiress to the seigneuries de Ramezay, de Monnoir and de Sorel.

Originals, n.d., 1553-1913, 40 cm; photocopies, n.d., 1753, 1757, 10 pages; transcripts, 1660, 1762-1764, 10 pages; printed matter, n.d., 1803, 187 pages. Finding Aid 1232.

Documentation on the administrative and business activities of Louise de Ramezay regarding her sawmills and seigneuries; marriage contracts and other family papers. The collection is also available on microfilm, reels C-15683 and C-15684.

REID, Grace (fl. 1912-1916)   MG 55/30, No. 111

Grace Reid was a resident of Buchanan, Saskatchewan, who went to the Success Business College in Winnipeg from 1912 to 1913.

Originals, 1912-1913, 1 cm.

Diary for 19 February 1912 to 3 June 1913, in which Grace Reid describes her poor health, her experiences in business college and her attempts to find a job in Winnipeg during the depressed economic conditions of 1913.

ROEDER, Hans (fl. 1948-1977) and Sonja (1925-1975)   MG 31, H 128

Sonja Helena Roeder (née Arndt) was born in East Prussia and immigrated to Canada with her husband in 1954. She became involved in the German Canadian community and in multicultural organizations such as the International Centre of Winnipeg. She was also active in ethnic press associations and women's organizations such as the German Canadian Women's Committee, the Women's Model Parliament and the Winnipeg Business and Professional Women's Club.

Originals, n.d., 1956-1977, 2.8 m. Finding Aid 1454.

Personal material such as correspondence and agenda; speeches; records of numerous German-Canadian, multicultural and women's organizations.

ROTENBERG, Mattie (1897- 1989)   MG 31, K 8

Mattie Rotenberg was born in Toronto and obtained a doctorate from the University of Toronto in mathematics and physics. She was employed as a demonstrator in the university physics lab, 1939-1968. Her concern for the education of her five children led her to establish the Hillcrest Progressive School in 1929. In 1939 she began to make freelance public affairs broadcasts for the Canadian Broadcasting Corporation women's show *Trans-Canada Matinée*.

Originals, 1939-1964, 65 cm. Finding Aid 1107.

Scripts for radio commentaries broadcast over CBC, 1939-1964, reflecting Mattie Rotenberg's concern about the status of women as well as her interest in science, education, social welfare and foreign affairs.

ROYAL CALEDONIAN CURLING CLUB   MG 28, I 229
Canadian Branch (est. 1852)

The Grand (later Royal) Caledonian Curling Club was formed in Scotland in 1838 to unite curlers throughout the world. In 1852 a Canadian branch was established by four Quebec curling clubs in order to promote the game in Canada. Women curlers formed their own committee to organize annual bonspiels in 1904, and in 1905 this committee was named the Ladies Curling Association.

Originals, n.d., 1840-1986, 3.44 m. Finding Aid 1854.

Records of the Ladies Curling Association, 1904-1986: minutes; cash, match and letterbooks; membership lists; bonspiel records; scrapbooks; histories; other material. See also the records (1958-1985) of the Canadian Ladies Curling Association (MG 28 I 272), listed in Finding Aid 1188.

RUSSELL, Olive Ruth (1897-1979)   MG 31, K 13

Dr. Olive Ruth Russell was born in Delta, Ontario, in 1897. She graduated from the University of Toronto in 1931 with an honours degree in psychology and obtained a doctorate from the University of Edinburgh in 1935. During World War II, she served as a personnel selection officer with the Canadian Women's Army Corps, 1942-1945, attaining the rank of captain. From 1945 to 1947, she was an executive assistant to the director general of the Rehabilitation Branch of the Department of Veterans' Affairs. Dr. Russell was a Canadian delegate to the Intercontinental Conference of the National Council of Women in 1946 and a delegate to the Conference of the International Federation of University Women in 1947. She wrote *Freedom to Die: Moral and Legal Aspects of Euthanasia* (1975) and campaigned in favour of the right to die with dignity.

Originals, 1931-1939, 1.26 m. Finding Aid 1354.

Biographical information, correspondence, speeches, notes, published articles and newspaper clippings.

Mary Anne Sadlier (née Madden) (1820-c. 1903) emigrated from Ireland to Montreal, probably in 1847, where she married publisher James Sadlier. She and her daughter, Anna Teresa, had commercially successful careers as minor authors, specializing in Irish Catholic and French Canadian themes respectively. Mary Anne Sadlier pursued her career in New York after 1850, but Anna was educated in Montreal and lived subsequently in Ottawa.

Originals, n.d., 1867-c.1931, 40 cm.

Correspondence to Mary Anne Sadlier from her son, Francis Xavier, with information on her career as well as that of her daughter, and clippings of short stories and other writings by and about Anna T. Sadlier.

SANDYS, Charles (1786-1859)   MG 24, I 28

Alicia Cockburn, cousin of Charles Sandys, lived in Quebec, where her husband, Major Francis Cockburn, was stationed during the War of 1812.

Originals, 1813-1814, 31 pages.

Letters from Alicia Cockburn to Charles Sandys, providing interesting sidelights on the war and life in Canada.

SASKATCHEWAN HOMESTEADING EXPERIENCES   MG 30, C 16

Homesteaders were invited to write accounts of their experiences as entries in a 1923 competition sponsored by the Imperial Order Daughters of the Empire and the Women's Canadian Club of Regina. In 1926 other homesteaders submitted their accounts to *The Grain Grower's Guide*. Many of the writers were women who had emigrated from Great Britain.

Transcripts, 1923, 1926, 15 cm. Finding Aid 474.

Transcripts of 73 homesteading accounts, mainly from Saskatchewan, between 1870 and 1926, describing social life, travel conditions and farming.

SAVAGE, Marion Creelman (1886-1975)   MG 30, C 92

Marion Creelman was born in Toronto and in 1912 married Edward Baldwin Savage, who died in 1920, leaving her with three children.

She lived most of her life in Montreal, where she was involved in organizations such as the Imperial Order Daughters of the Empire, the Canadian Guild of Crafts, the Local, National and International Councils of Women, the Last Post Fund and the Wartime Prices and Trade Board (Women's Advisory Committee).

Originals, n.d., 1894-1972, 1.55 m. Finding Aid 977.

Correspondence, including letters from her children; personal financial records; journals kept by Marion Savage, 1903 and [1954], and by her daughter Marion [1937]; notes; subject files, including files on the Canadian Federation of University Women, the IODE, the NCWC, the Family Welfare Association of Montreal and the Last Post Fund; miscellanea; clippings.

SHARMAN, Henry Burton (1865-1953) and   MG 30, C 224
Abbie Lyon (1872-1957)

Abbie Lyon was born in Hangchow, China, to American missionary parents. In 1896 she abandoned her planned missionary career to marry Henry Burton Sharman, a Canadian. She received her doctorate in English literature at the University of Chicago and began writing under the name Lyon Sharman. As her husband's prominence as a Christian leader and educator grew, she moved with him to Winnipeg, Chicago, Toronto and China, and supported his career while continuing to publish numerous articles and books.

Originals, n.d., 1869-1976, 7.45 m. Finding Aid 1697.

Papers documenting Abbie Sharman's supportive role to her husband and her work as a writer include extensive correspondence between the Sharmans during the many separations caused by Henry Sharman's work; correspondence between the women of the Lyon family, including letters from Abbie's missionary sister, Lois; and a large collection of letters from family and friends; biographical notes and sketches; publications by Lyon Sharman and some related correspondence; scrapbooks documenting Abbie's education, writing career and involvement in the Canadian Women's Press Club; material pertaining to Henry Sharman's career.

SHERIDAN, Miriam and Family   MG 31, K 27

Miriam Sheridan (née Marshall) (1897-1984) and her mother, Alice "Lalla" Marshall (née Smith) (1867-1960), were both active in women's organizations. Alice Marshall was an accomplished amateur musician and a popular speaker at meetings of the Woman's Missionary Society, the Woman's Christian Temperance Union, and the Young

Women's Christian Association. She published short stories for children, and articles on reform/feminist questions under the pen-name Barbara Barringer. Miriam Sheridan worked in the advertising industry and as a teacher, and was active in the University Women's Club of Ottawa and the Canadian Federation of University Women.

Originals, n.d., 1888-1981, 1.05 m. Finding Aid 1723.

Material relating to Alice Marshall's writing and public-speaking career, and letters from Fannie White, a runaway girl helped by Marshall, 1906. Papers pertaining to Miriam Sheridan's involvement in women's organizations, her education, and her personal and family life, including diaries, 1914-1918, 1942, courtship letters exchanged with C.W. Sheridan, 1917-1925, and a scrapbook of University of Toronto memorabilia; Marshall and Sheridan family papers, including the diaries of Miriam's sister, Helen, 1914-1917.

SINCLAIR, Adelaide Helen Grant (b. 1900)   MG 30, E 391

Adelaide Sinclair (née Macdonald) was a graduate student at the London School of Economics and the University of Berlin, and lectured in political science at the University of Toronto before marrying in 1930. Chairman of the Central Volunteer Bureau in Toronto at the start of World War II, Sinclair organized the Women's Salvage Committee and in 1942 joined the Economics Branch of the Wartime Prices and Trade Board. In 1943 she joined the Women's Royal Canadian Naval Service (WRCNS) and studied the Women's Royal Naval Service (WRNS) in the United Kingdom for several months before becoming the first Canadian director of the WRCNS. She retired from the service in 1946.

Originals, n.d., 1942-1946, 4 cm; photocopies, n.d., 1942-1946, 1 cm.

Correspondence, notes, programs, reports, brochures, press releases, poems, cartoons and newspaper clippings concerning Adelaide Sinclair, the WRCNS and the WRNS.

SMITH, Jori (b. 1907)   MG 30, D 249

Jori Smith was born in Montreal and shared a commercial art studio there with Jean-Paul Lemieux and Jean Palardy, whom she married in 1930. She shared Palardy's interest in Quebec folk customs and artifacts, and holidayed extensively in Charlevoix County, where they were often joined by Marius Barbeau. Smith was a founding member of the Eastern Group of Painters in 1938, and in 1939 helped form the Contemporary Arts Society. In 1941 she exhibited with the first exhibition of the Independents.

Originals, n.d., 1910-1978, 1.41 m. Finding Aid 1118.

General correspondence from artists, writers and other prominent figures such as Mavis Gallant, Gabrielle Roy, Madeleine Lemieux (wife of J.-P. Lemieux) and P.K. Page; personal material, including clippings; Marius Barbeau manuscripts; Palardy family correspondence; typescript reminiscence by Smith of Charlevoix County, Quebec, in the 1930s.

SOCIETY FOR THE OVERSEA SETTLEMENT OF   MG 28, I 336
BRITISH WOMEN (1919-1963)

The Society for the Oversea Settlement of British Women was founded in 1919 by the amalgamation of the British Women's Emigration Association, the South African Colonization Society and the Colonial Intelligence League. The Society advised the Oversea Settlement Committee on policy questions concerning emigration and the recruitment of individual professional women. In 1962 the society became the Women's Migration and Overseas Appointment Society. It ceased operations in 1963.

Microfilm, 1861-1963, 10 reels, A-1054 to A-1063.

Annual reports, 1921-1935; papers of the Canada Territorial Committee; miscellaneous papers, 1861-1963; committee reports; minute books, 1927-1930; miscellaneous papers of the Women's Emigration Society, 1880-1928, the Female Middle Class Emigration Fund, *The Oversea Settler (Monthly) Bulletin*, 1926-1931, the Colonial Intelligence League (For Educated Women), 1910-1920, and *The Imperial Colonist*, 1902-1916, 1919-1927.

SOCIETY FOR THE PROTECTION OF WOMEN   MG 28, I 129
AND CHILDREN, Montreal (est. 1882)

The Montreal Society for the Protection of Women and Children was founded in 1882 to promote the enforcement and enactment of suitable laws for the protection of women and children. The founders were particularly interested in laws dealing with child labour in textile factories. Representatives also investigated cases of desertion, non-support, assault, child cruelty and destitution. The objectives of the Society eventually extended to most aspects of family life, and in 1971 the Society merged with other social service agencies.

Originals, 1882-1981, 2.40 m. Finding Aid 748.

Minutes, related correspondence and annual reports; financial reports; correspondence, 1969-1981; subject files, including material

relating to the Montreal Council of Social Agencies and a series of booklets, *Welfare Work in Montreal*, 1922-1936.

SPECTOR, John Jacob (b. 1902)   MG 30, A 106

John J. Spector practised law with Peter Bercovitch, KC, MP, until 1942, when he established his own firm. An authority on labour law, he represented garment workers' unions in the courts.

Originals, 1922, 1935, 1938-1944, 1950, 20 cm.

Notes, correspondence and factums concerning Spector's representation of the International Ladies Garment Workers Union, 1922-1950, including information about wages and conditions of work.

SPRINGFORD, Norma (1916-1989)   MG 31, D 164

Norma Springford was born in Saint John, New Brunswick. She studied theatre with Elizabeth Stirling Haynes and worked with her as a director, producer and drama specialist. Springford was associated with the Canadian Art Theatre, 1945-1948, McGill Players Club, 1950-1959, the Mountain Playhouse Inc., 1951-1961, and the Montreal Repertory Theatre, 1961, and adjudicated drama festivals across Canada. She was president of the Canadian Theatre Centre (CTC), served on the national executive of the Dominion Drama Festival (DDF), and was active in other theatre organizations. Springford taught theatre at community theatre seminars and summer school, and had a long career as professor of drama at Concordia University.

Originals, 1922-1983, 4.05 m. Finding Aid 1533.

Papers include personal material and correspondence; material on the CTC, the Mountain Playhouse and the DDF; playscripts; subject files on theatre organizations; programs; printed material, including clippings; scrapbooks concerning the Mountain Playhouse.

SUFRIN, Eileen Tallman (b. 1913)   MG 31, B 31

Eileen Sufrin (née Tallman) played a prominent role organizing Canadian bank workers from 1941 to 1942, and led the unsuccessful recognition strike by workers at the Banque canadienne nationale in Montreal in 1942. Her first success in organizing white collar workers came in 1943, when the John Inglis Company in Toronto recognized the United Steelworkers of America (USWA) as the representative for its office workers. From 1948 to 1952 she headed the campaign to organize workers at the T. Eaton Company. After 1953 she worked for

the USWA, studied the Italian trade union movement and worked for the Saskatchewan government and the federal Department of Labour, when she became involved with the Public Service Alliance of Canada. She retired in 1972, and her book *The Eaton Drive* was published in 1982.

Originals, n.d., 1941-1982, 31 cm.

Pamphlets, newsletters and leaflets pertaining to the campaign to organize bank workers; manuscripts and resource material used for *The Eaton Drive*, including material on a campaign to organize a Simpson's department store and a nearly complete run of material used in the campaign to organize Eaton's; correspondence on the issue of equal pay for women staff members at the USWA; material on the International Confederation of Free Trade Unions Women's School, the Italian trade union movement and the Public Service Alliance of Canada; personal correspondence.

SUMMERHILL HOMES, Montreal (est. 1815)   MG 28, I 388

The Female Benevolent Society, later the Montreal Ladies Benevolent Society (MLBS), the first English-language social agency in Montreal, was founded in 1815 to aid indigent women with small children, the sick, the aged and the infirm. The society established a home, called the House of Recovery, in 1817. The society was inactive during 1822-1832, but orphans in its care (and its funds) were passed on to the newly formed Montreal Protestant Orphans' Asylum (MPOA). The MPOA was run by a committee of upper-class women. It cared for orphans until they were apprenticed, at the age of twelve for boys and fourteen for girls. In 1832 the MLBS reorganized to deal with the cholera epidemic, and subsequently operated as a home for infirm and unemployed widows and children from destitute families. In 1856 it amalgamated with the House of Industry and Refuge. In 1947 the MPOA and the MLBS merged as the Montreal Ladies Benevolent and Protestant Orphans Society. In 1962 the Society was dissolved and reopened as Summerhill Homes (SH), which merged with other social service agencies in 1977.

Originals, 1823-1977, 4.59 m. Finding Aid 1504.

Minutes, annual reports, registers, correspondence, financial records and subject files of the MLBS, the MPOA and SH, including MLBS matron's journals, 1851-c.1909, MPOA superintendent's registers and visitor books, histories of the MLBS, n.d., 1933, and a survey of children who left the MLBS, 1876-1948. Also available on microfilm, reels H-1709 to H-1730. Photographs have been transferred to the Documentary Art and Photography Division.

THÉRIAULT, Marie José (b. 1945)   MG 31, D 212

A native of Montreal, Marie José Thériault worked at a variety of jobs while performing as a professional dancer, 1964-1973, and singer-songwriter, 1967-1979. An editor and translator for *Entr'acte* from 1973 to 1974, she joined Éditions Hurtubise HMH in 1975 and in 1978 became literary director. She has published several volumes of poetry and fiction, as well as translations.

Originals, n.d., c. 1951-1986, 4.27 m.

Correspondence, notes, newspaper clippings, manuscripts and proofs (tales, poems, etc.) at different stages of production; notebooks; agenda; cover mockups; theatre programs. Photographs and posters have been transferred to the Documentary Art and Photography Division, and audio and video material has been transferred to the Moving Image and Sound Archives Division.

TRAILL FAMILY COLLECTION   MG 29, D 81

Catharine Parr Traill (1802-1899) emigrated from England with her husband Thomas in 1831 and settled near Peterborough, Upper Canada. She wrote numerous articles and books, including *The Backwoods of Canada* (1836). Traill was well-known as a naturalist and published *Canadian Wild Flowers* (1868) and *Studies of Plant Life in Canada* (1885). Her sister and brother, authors Susanna Moodie and Samuel Strickland, also emigrated to Canada, and three sisters, authors Jane, Agnes and Elizabeth Strickland, remained in Britain.

Originals, n.d., 1816-1970, 2.47 m; microfilm, 1836-1885, reel A-809; photocopies, n.d., 1835-1974, 3 cm. Finding Aid 921.

Catharine Parr Traill's correspondence, with letters from her sisters; journals and notebooks; manuscripts; works in print. Correspondence, manuscripts, works in print and other material relating to the Traill, Strickland and Moodie families. The originals and photocopies are also available on microfilm, reels H-5 to H-16.

UKRAINIAN CANADIAN COMMITTEE   MG 28, V 9
(Komitet Ukrayints'iv Kanady) (est. 1940)

The Ukrainian Canadian Committee (UCC) is an umbrella organization that coordinates Ukrainian organizations in Canada, works to preserve Ukrainian Canadian culture, and speaks for the Ukrainian Canadian community. Its member societies include most Ukrainian organizations in Canada.

Originals, 1923-1981, 11.5 m; microfilm, 1940-1971, 5 reels, M-2778 to M-2781, M-3204. Finding Aid 781.

Minutes of the executive and committees of the women's division of the UCC, 1954-1971. Minutes are entirely in Ukrainian.

VAUBOIS, Gina (1901-1983)   MG 31, D 84

Gina Vaubois was the stage name of Rolande Lanctôt. She studied piano and ballet in Montreal before going to New York, where she studied ballet with Luigi Albertieri and Alphonso Joseph Sheafe. She taught dance in Montreal in the 1930s. In 1936 she went on a theatrical tour of Europe, playing in *Pimple and Ginette* while she was in England. World War II forced her to return to Montreal, where she founded the Studio de danse Gina Vaubois in 1945.

Originals, n.d., 1913-1984, 76 cm. Finding Aid 709.

Material on Gina Vaubois's dance and teaching careers, including personal papers; correspondence with family, friends and students; financial records; *Pimple and Ginette* tour material; choreography and notes for routines for dance classes; family documents; dance and theatrical association documents; posters and programs, especially from the Montreal area; clippings.

VAUTELET, Renée (1897-1980)   MG 30, C 196

Renée Vautelet (née Geoffrion) was born in Montreal and was active in community and women's organizations. During World War II she was one of only two women on the War Savings Certificate National Committee, and in 1945 she was the only woman member of Quebec's Economic Advisory Committee. Her report on the postwar problems of Quebec women was published by the Montreal Council of Women. She subsequently worked for women's and consumers' rights as the national secretary of the National Federation of Liberal Women, and was a founding member and the president of the Consumers' Association of Canada.

Originals, n.d., 1872-1980, 48 cm. Finding Aid 1289.

Diaries, 1913-1924; correspondence; biographical notes; articles on women's and other issues; lecture notes; subject files; a submission to the Royal Commission on the Status of Women, arguing for recognition of homemakers; copies of *Vautelet's Postwar Problems and Employment of Women in the Province of Quebec* (1945); family material, 1872-1947; reports, speeches, bulletins and notes on consumer issues.

VICTORIAN ORDER OF NURSES FOR CANADA   MG 28, I 171
(est. 1897)

The Victorian Order of Nurses (VON) was organized by Lady Ishbel Aberdeen to provide nurses to outlying areas. Forty-four cottage hospitals were organized by the VON between 1898 and 1924. When these services were replaced by municipal hospitals and public health nurses after World War II, the VON turned to the provision of home nursing.

Originals, n.d., 1897-1972, 1.67 m. Finding Aid 1025.

Constitution and by-laws; minutes, 1897-1954; correspondence and agreements with local hospitals, 1901-1959; general correspondence, including Lady Aberdeen's correspondence about the founding of the VON and its activities, Dr. J.M. Gibson's correspondence on midwifery, 1917, and letters from Florence Nightingale; reports; historical material, including brief histories and reports, and clippings and correspondence relating to the VON nurses on the Klondike Trail in 1898; briefs and submissions; publications and clippings; scrapbooks, 1928-1971.

VOICE OF WOMEN (est. 1960)   MG 28, I 218

The Voice of Women (VOW) was created at a mass meeting in Toronto in 1960 to organize women to work for peace and disarmament. Numerous branches were established across the country, coordinated by the National Central Committee, with a central office in Toronto. They lobbied Canadian and foreign governments and organizations, networked with other women's organizations and peace groups, and worked on public education. Although the organization gradually concerned itself with a wider variety of related issues, including feminism, native rights and war toys, its main preoccupation in the 1960s and early 1970s was the war in Vietnam.

Originals, n.d., 1959-1987, 8.7 m. Finding Aid 377.

Minutes and reports of meetings; correspondence; press releases and other publicity material; subject files, including material on other peace organizations, status of women, war toys and VOW branches; reports, briefs and policy statements; printed material and clippings, including VOW publications and various women's liberation newsletters; records pertaining to the Ontario VOW Knitting Project for Vietnamese Children; other material.

WADDINGTON, Miriam (b. 1917)   MG 31, D 54

Miriam Waddington was born in Winnipeg. She has published 11
books of poetry, including *The Glass Trumpet* (1966) and *Driving Home*
(1972). She edited the *Collected Poems of A.M. Klein* (1974) and wrote a
critical study of Klein. Her work includes numerous articles and
reviews, short stories and translations of prose and poetry from German and Yiddish. Waddington worked as a social worker for 20 years
before she became a professor of English and Canadian literature at
York University.

Originals, n.d., 1927-1990, 8.5 m. Finding Aid 1415.

General and literary correspondence; notebooks and journals, 1930-
1971; general manuscript files; material on published poetry collections, critical works and editions; personal material; printed material.

WALES, Julia Grace (1881-1957)   MG 30, C 238

Julia Grace Wales was born in Bury, Quebec, and was a student and
professor of English literature at the University of Wisconsin. Best
known for her work in the peace movement during World War I,
Wales was a delegate to the 1915 International Congress of Women at
The Hague, where her plan to bring the war to an end, "Continuous
Mediation Without Armistice," was adopted as a resolution. She
joined the Henry Ford Peace Expedition in 1915 and was a member of
the subsequent Neutral Conference in Stockholm until 1917. After the
war Wales returned to her academic career, but continued to write
articles on peace issues and religious themes. Her book *Democracy
Needs Education* was published in 1942.

Originals, n.d., 1899-1969, 1988, 55 cm; photocopy, 1915, 1 page. Finding Aid 1760.

Correspondence, diary excerpts and working papers for a memoir on
the Ford Expedition and Neutral Conference; clippings and articles;
draft and published copies of her writings and other material concerning Wales's participation in the peace movement; papers relating to
Democracy Needs Education; material on her academic career, her
poetry, and on her writing on religious and other themes; personal
and posthumous items.

WEBER, Ephraim (1870-1956)   MG 30, D 53

A native of Ontario, Ephraim Weber migrated to Alberta and later
Saskatchewan, where he was a schoolteacher. He wrote poetry and
essays, although he never realized a literary career. Around 1900,

Weber became acquainted with the Prince Edward Island novelist Lucy Maud Montgomery (1874-1942) through her writings in magazines, and began a correspondence with her that was to last forty years.

Originals, 1905-1941, 9 cm.

Extensive correspondence from L.M. Montgomery to Ephraim Weber. In her letters, Montgomery discusses the writing and publication of *Anne of Green Gables* (1908) and her many other books, poems and short stories; writers and publishers in general; education and religion; current events; her travels and domestic activities. Also available on microfilm, reel C-10689.

WESTCOTT PAPINEAU, Mary Eleanor (1823-1890)   MG 24, K 58

Mary Eleanor Westcott married Louis-Joseph-Amédée Papineau (1819-1903), son of Louis-Joseph Papineau, in 1846 at Saratoga Springs, New York. After his return to Canada from political exile, her husband became protonotary of the Court of Queen's Bench.

Originals, 1810-1889, 21 cm.

Includes correspondence and related papers concerning Mary Eleanor Westcott Papineau, her life as a young girl, a married woman, a mother and a grandmother. The principal correspondents are her father, her husband, her children and friends.

WHEELER, Annie (1883-1948)   MG 30, C 221

A native of Twillingate, Newfoundland, Annie Wheeler began studies c. 1899 for a career in teaching. She taught in several communities in Newfoundland from 1901 to 1911, and in Carmichael, Saskatchewan, during the summer of 1913. Wheeler enrolled in the Methodist Church Deaconess' School in Toronto in 1912 and graduated in 1914, when she married John Hurst, a Methodist minister.

Originals, 1899-1903, [c. 1914], 6 pages.

Six teaching certificates of Annie Wheeler dated 1899-1903, annotated with autobiographical information for the period 1901-1914.

WHITE, John (d. 1800)   MG 23, H I 5

John White was the husband of Marianne White and served as Attorney General of Upper Canada from 1791 until his death in a duel in

1800. His brother-in-law, Sir Samuel Shepherd, undertook the upbringing of Jon White's children after his death.

Originals, 1780-1840, 598 pages; photocopies, 1792-1797, 95 pages. Finding Aid 207.

Correspondence concerning Marianne White, which provides significant insight into the administration of a widow's estate in that period.

WHITTON, Charlotte Elizabeth (1896-1975)   MG 30, E 256

After graduating from Queen's University in 1918, Charlotte Whitton joined the Social Service Council of Canada (SSCC). In 1926 she became the first full-time executive director of the Canadian Council on Child Welfare (later the Canadian Welfare Council [CWC]), and during the Depression she investigated unemployment relief in Western Canada for the Bennett government (1932) and advised the National Employment Commission (1937). She resigned from the CWC in 1941 to write and work as a social service consultant. In 1951 she became the first female mayor of a Canadian city and was re-elected mayor of Ottawa in 1952, 1954, 1960 and 1962. After her defeat in 1964 she served as alderman from 1966 until 1972.

Originals, 1850-1977, 24.3 m; photocopies, 1943, 1948, 3 cm. Finding Aid 1127.

Correspondence, 1906-1977; journals and other personal material; correspondence, reports, minutes and other material concerning her work with the SSCC and CWC; material relating to Whitton's social service studies; records of Whitton's political career; material pertaining to the Church of England in Canada and to various organizations, including the Canadian Federation of Business and Professional Women's Clubs, the Canadian Women's Press Club, the Imperial Order Daughters of the Empire, and the Toronto Ladies Club; manuscripts and research material; clippings and scrapbooks; other material.

WILSON, Cairine Reay (1885-1962)   MG 27, III C 6

Cairine Reay Mackay was the daughter of Montreal businessman and Liberal senator, the Honourable Robert Mackay. In 1909 she married Norman F. Wilson, a former Liberal MP. She was a founder and president of the National Federation of Liberal Women and a founder of the Twentieth Century Club, a Liberal youth club. In 1930, after women were ruled eligible for admission to the Senate in the Persons Case, W.L. Mackenzie King appointed Cairine Wilson Canada's first

woman senator. As the first chairman of the Canadian National Committee on Refugees and the Victims of Persecution, 1938-1948, she lobbied for changes to Canada's immigration policy and opposed anti-semitism. She was the president of the League of Nations Society of Canada, 1936-1942, and the first woman delegate to the United Nations Assembly, 1949.

Originals, 1859-1891, 1904-1962, 97.5 cm. Finding Aid 431.

Correspondence, 1908-1962; speeches and articles, 1930-1961; pamphlets, scrapbooks and clippings; family papers; diaries of a trip to Europe, 1904; other material.

WOMEN'S INSTITUTE OF STONEY CREEK (est. 1897)   MG 28, I 47

The first Women's Institute was founded at Stoney Creek, Wentworth County, Ontario, under the direction of Adelaide Hoodless, to facilitate scientific home management. The Institute was earlier known as the Women's Institute of Saltfleet and then as the Women's Institute of South Wentworth. Similar institutes were subsequently organized across Canada.

Photocopies, 1897-1904, 1921, 6 cm.

Minutes, 1897-1904, including membership lists, lecture titles, constitution and by-laws; a historical sketch of the institute, 1921.

WOYCENKO, Olha (b. 1911)   MG 30, D 212

Olha Woycenko (née Hawrysyshyn) was born in Winnipeg, the daughter of Ukrainian immigrants. After graduating from business college, she worked for the Ukrainian newspaper *Ukrainskya Holos* (The Ukrainian Voice) in various management and editorial positions. She was active in ethnocultural, community and women's organizations, and wrote numerous articles and speeches. Her historical study *The Ukrainians in Canada* was published in 1967.

Originals, 1900-1983, 17.58 m.

Papers documenting Woycenko's involvement in organizations such as the Ukrainian Women's Association of Canada, the Ukrainian Canadian Women's Committee, the World Federation of Ukrainian Women's Organizations, the Canadian Women's Press Club, and the National and International Councils of Women. They include personal and family papers; travel records; family correspondence, including letters from Olena Kysilewska; general correspondence; reference files; manuscripts.

WRIGHT, Charles (d. 1828)   MG 24, B 133

Mary Cambridge and her husband John Cambridge, a wealthy Bristol
merchant, had extensive interests in the timber trade and shipbuilding
industry on Prince Edward Island, as well as land. Their daughter
Lydia was married to Charles Wright.

Photocopies, 1778, 1811-1850, 256 pages.

Among other papers, a letterbook kept by Mary Cambridge, 1811-
1812, recording letters to her husband about their business and land
interests, and political affairs on the island. Also available on
microfilm, reel H-1663.

WRIGHT FAMILY   MG 29, A 59

Hannah C. Wright (1833-1901) married Joseph Merrill Currier, an MP
and lumberman of considerable wealth, in 1868. When she was
widowed in 1884 she maintained a handsome livelihood, managing
her inherited properties in Ottawa and West Quebec. Her niece, Frances Adelia Wright (1865-1949), was the executor of her estate and
administered her inheritance with the same efficiency.

Originals, 1851-1950, 2.72 m. Finding Aid 1378.

Material pertaining to the business and personal affairs of Hannah C.
Wright, including correspondence, financial and legal material, and
religious and other notebooks; Frances Wright's papers such as
notebooks, journals, financial material and memorabilia, with files on
family history, the Young Women's Christian Association and the
Ottawa Ladies College.

YOUNG WOMEN'S CHRISTIAN ASSOCIATION   MG 28, I 198
OF CANADA (est. 1893)

The Young Women's Christian Association (YWCA) was established
in England in 1855, and several local Canadian associations were
already in existence when plans were made for a national coordinat-
ing body in 1893. The YWCA of Canada had a Protestant evangelical
orientation and provided rooms, recreation, education and other services to unmarried girls seeking employment in urban centres. The
YWCA has evolved into an important organization in the modern
women's movement, with many programs and lobbying efforts
aimed at improving the economic, social and legal status of women in
Canada.

Originals, 1870-1985, 21.8 m. Finding Aid 926.

Minutes, annual reports and related documents; convention records; financial records; periodicals, 1900-1966; minutes and other material on the immigration, public affairs, world fellowship, and other committees; subject files, including historical material and a number of studies about young women, such as the Teenage Wives Study, 1963-1964; seminar and conference records; program material; songbooks and scrapbooks, 1891-1968; World's YWCA material; other material.

OTHER NATIONAL ARCHIVES PUBLICATIONS USEFUL FOR THE STUDY OF WOMEN'S HISTORY

The Archivist, Vol. 14-No. 1 (January-February 1987, issue on business and professional women in Canada)

Birkett, Patricia. *Checklist of Parish Registers 1986* (1987)

Catalogue collectif des documents sonores de langue française 1916-1950 (1981)

Catalogue of Census Returns on Microfilm, 1666-1891 (1987)

Dick, Ernest J. *Guide to CBC Sources at the Public Archives 1936-1986* (1987)

Finding Aids on Microfiche (series of Manuscript Division finding aids)

General Guide Series 1983 (overviews of the archival holdings of the divisions of the National Archives)

Guide des sources d'archives sur le Canada français, au Canada (1975)

Guide to Canadian Photographic Archives (1984)

Inventory of the Collections of the National Film, Television and Sound Archives (1983)

Laine, Edward W. *Archival Sources for the Study of Finnish Canadians (1989)*

L'Espérance, Jeanne. *The Widening Sphere: Women in Canada, 1870-1940* (exhibition catalogue, 1982)

Literary Archives Guide (1988)

Momryk, Myron. *A Guide to Sources for the Study of Ukrainian Canadians* (1984)

Smart, John. *Records of the Department of Labour: Government Archives Division General Inventory Series* (1989)

Tapper, Lawrence F. *Archival Sources for the Study of Canadian Jewry* (1987)

Tracing Your Ancestors in Canada (1988)

Union List of Manuscripts in Canadian Repositories (5 volumes, 1975-1982)

Researchers should also be aware of a useful earlier survey of the Manuscript Division's women's archives holdings, Heather Rielly and Marilyn Hindmarch's *Some Sources for Women's History in the Public Archives of Canada: National Museum of Man Mercury Series Paper No. 5* (1974). This publication is particularly helpful for locating pre-Confederation English-language collections; its scope does not include French-language collections.

INDEX

Balinsky, Clara 13
Baptist (Church) 18, 23
Barbeau, Marius 77
Barlow, Maude 20
Barnardo's Homes 13
Barringer, Barbara 76
Barrymore, Ethel 63
Beach Foundry Ltd. 13-14
Beauharnois Seigneury 37
Belgo-Canadian Association 48
Bell Canada 31
Bell, Ruth Marion (Cooper) 14
Benevolent Society, Montreal 12
Beresford-Howe, Constance 36
Berlin, Germany 41
Bermuda 27, 50
Beynon, Frances M. 63
Beynon, Lillian (Thomas) 30, 63
Bird, Florence Bayard (Rhein) 14-15
Birmingham, England 18
Birth control 12, 59
Black, George 15
Black, Martha Louise (Munger) 15
Bloemfontein, South Africa 59
Boarding and Day School for Young Ladies, Dundas, Ontario 17
Bobak, Molly 66
Bolt, Carol 15-16
Boston, Massachusetts 17, 47
Bourgeoys, Marguerite 16
Bowles, Mary (MacLeod) 35
Brazil 68
Brewster, Elizabeth 16
British Columbia 18, 52
British Columbia Legislative Assembly 59
British Columbia Security Commission 52
British Committee for Relief, Poland 43
British Women's Emigration Association 45, 77
Brittain, Vera 36
Brockville, Ontario 60
Bronson Company, Ottawa 16-17
Bronson, Ella Webster 17
Bronson, Isabel Editha 17
Bronson, Margaret Webster 17
Bronson, Marjorie A. 17
Bronson, Nellie M. 17
Bruneau, Julie 69
Buchanan, Agnes (Jarvie) 17

Carter, C.A. 60
Cary, Mary Ann (Shadd) 27
Casault, Atala 27-28
Casault, Cimodocée 35
Casault, Louis-Adolphe 35
Casey House 18
Casgrain, Pierre 28
Casgrain, Thérèse (Forget) 28, 30, 39, 61
Casselman, Cora 30
Catholic Women's League of Canada 28, 39
Central Volunteer Bureau, Toronto 76
Cercle des femmes journalistes 64
Chadwick, Ethel 29
Chaplin family 29
Chaplin, Annemarie (Harris) 29
Chatham, Ontario 37, 54
Charlevoix, Quebec 77
Charlottetown, Prince Edward Island 31
Chatelaine 9, 55
Cherry, Evelyn (Spice) 29-30
Cherry, Lawrence W. 29
Chicago, Illinois 35, 75
Child care 11, 59, 65, 66, 79
Children of the Empire 50
Children's Aid Societies 39, 66
China 25, 38, 51-52, 54, 67, 75
Chinese (British Columbia) 18
Chipman, New Brunswick 16
Church of England in Canada 45, 85
Clark, Paraskeva 66
Cleverdon, Catherine Lyle 30
Cobalt, Ontario 58
Cockburn, Alicia 74
Coin du feu, Le 33
Coleman, Kathleen Blake "Kit" 30-31, 63
Coles, Mercy Ann 31
Colonial Intelligence League (For Educated Women) 77
Columbia University 66
Comité féminine d'assistance immédiate 39
Committee for an Independent Canada 57
Communications Union Canada 31
Communications Workers of Canada 31-32
Communist Party of Canada 40, 67
Concordia University 78
Congregation de Notre-Dame, Montreal 16
Congress of Canadian Women 41, 69

East Prussia 72
Economic Council of Canada 68
Edmonton, Alberta 34, 64
Education 70, 84
Elizabeth Fry Society of Canada 42, 57, 60, 61
Ellice, Edward 37
Ellice, Katherine Jane (Balfour) 37
Empire Business College 57
Empire Theatre, Toronto 61
Endicott, James 37
Endicott, Mary (Austin) 37-38
Engineering 59
England 32, 43, 44, 47, 48, 59, 65, 68, 71, 80
Entr'acte 80

Family Welfare Association of Montreal 75
Farm Service Corps 10
Federated News 38
Federated Women's Institutes of Canada 9, 20, 38
Fédération des femmes canadiennes-françaises 38-39
Fédération des femmes diplômées des universités 39
Fédération des femmes du Québec 28
Fédération des guides catholiques de la province de Québec 44
Fédération nationale Saint-Jean-Baptiste 33, 39, 40
Federation of Medical Women of Canada 39
Federation of the Daughters of the British Empire 50
Federation of Women's Labour Leagues 40
Female Benevolent Society, Montreal 79
Female Middle Class Emigration Fund 77
Female Orphan Asylum, Montreal 12
Fémina 28, 39
Feminism 48, 81
Fenton, Mhairi 35
Fernet family 40
Fernet-Martel, Florence 39-40
Field, Martha (Guay) 40
Finland 62
Finnish Organization of Canada 40-41
Fischer, Sarah 41
Flaherty, Dorothy Eva (Rhodes) 41-42
Flaherty, Frank 41
Fleming, Gertrude (Mackintosh) 42
Fleming, Sandford 42
Ford (Henry) Expedition and Neutral Conference 83
Forget family 28
Forster, Mrs. 42
Forum for Young Canadians 14

Fort Garry, Manitoba 35
Franca, Celia 42-43
France 11, 40, 48, 49, 68
Francis, Anne 14
Free Trade Agreement, Canada-U.S. 26
Frères Charon 49
Fujiwara, Mrs. T. 52

Gallant, Mavis 77
Geldard-Brown, Mabel 43-44
German immigrants 70, 72
German Canadian Women's Committee 72
Germany 11
Gibson, Dr. J.M. 82
Girl Guides of Canada 39, 44
Girls' Cottage School 44
Girls' Friendly Society, London, England 45
Girls' Home, Hamilton, Ontario 17
Girls' Industrial Cottage School 44
Glasgow, Scotland 17
Glazebrook, G.P. de T. 47
Globe and Mail, The 9
Godsell, Patricia 37
Govier, Katherine 64
Grand Caledonian Curling Club 73
Great Britain 45
Greece 43
Grosskurth, Phyllis 36
Group of Seven 27, 49
Guides catholiques du Canada (secteur français) 44
Guild of Canadian Playwrights 16
Guild of Loyal Women of South Africa 50
Guyart, Marie, dite de l'Incarnation 62

Hadassah-WIZO Organization of Canada 13, 46
Haine, Mercy 31
Halifax, Nova Scotia 17, 66
Hall, Amelia 46
Hall, Ella 46
Hall, Radclyffe 36
Hamilton, Ontario 17, 40, 51, 60
Hamilton Ladies' Committee 17
Hangchow, China 75
Hargrave, James 47
Hargrave, Letitia (Mactavish) 47
Harris, Lawren 27
Hellmuth College, London, Ontario 57

Jenkins, Frank Maurice Stinson 51
Jenkins, Ruth 51
Jessie's Centre for Teenagers 18
Jewish women/community 13, 46, 52
John Inglis Company, Toronto 78
Joseph, Abraham 52
Joseph, Fanny David 52
Junior Theatre, Ottawa 46
Justice for Children 18

Kannasto, Sanna 40-41
Keenleyside, Jane 61
Keppel, Hilda 60
Keppel, Sophia (MacNab) 60
Keppel, Theodora 60
Keppel, William, Viscount Bury 60
Kimberley, South Africa 59
Kingston, Ontario 57-58
Kitagawa, Muriel (Fujiwara) 52-53
Kittredge, Belle 53
Klondike 47, 82
Knitting Project for Vietnamese Children (Ontario Voice of Women) 82
Kobrynska, Natalia 53
Kogawa, Joy 64
Kome, Penney 64
Kysilewska, Olena (Simenovitch) 53, 86

Labour union 31-32
Labrador 26, 55
Ladies Curling Association 73
Ladies Morning Musical Club, Montreal 41
Ladysmith, British Columbia 41
LaMarsh, Judy (Verlyn) 54
Lanctôt, Rolande 81
Langenburg, Saskatchewan 70
Lapp, Eula (Carscallan) 54-55
Lapp, Rev. Gordon 54
Larnder, Margaret Robinson (Montgomery) 55
Lasell Seminary 17
Last Post Fund 75
Laurence, Margaret 36
Lawrence, Louise de Kiriline (Flach) 55
League for Human Rights 28
League for Women's Rights 28, 39
League of Nations Society of Canada 86
Learnx Foundation 18
Leeds, England 46

McGill Players Club 78
McLaughlin, Isabel 49, 66
Media Club of Canada 63-64
Medical Women's International Association 39
Merril, Judith (Grossman) 64
Methodist Church 23
Methodist Church Deaconess' School 84
Midwifery 82
Minerve, La 37
Miss Canada Pageant 35
Missionary work 66, 75
Monarch Knitting Mills, Toronto 11
Monk, Anne Amelia Gugy 64
Monk, Elizabeth Adams 64
Monk, Elizabeth Gould 64
Monk, Georgiana Henriette 64
Monk, James 64
Monk, Jane Pangman 64
Monk, Rosalie Caroline Debartzch 64
Monk, Sarah 64
Montgomery, Lucy Maud 84
Montreal, Quebec 12, 16, 17, 18, 26, 29, 31, 32, 33, 37, 41, 43, 44, 47-48, 50, 52, 59, 60, 62, 65, 69, 71, 74, 76, 78, 80, 81, 85
Montreal Business and Professional Women's Club 47
Montreal Council of Social Agencies 78
Montreal Council of Women 65, 81
Montreal General Hospital 59
Montreal Ladies Benevolent and Protestant Orphans Society 79
Montreal Ladies Benevolent Society 79
Montreal Protestant Orphans' Asylum 79
Montreal Repertory Theatre 46, 78
Montreal Society for the Protection of Women and Children 77
Montreal Standard 9
Moodie family 80
Moodie, Susanna (Strickland) 65, 80
Moose Factory, Ontario 51
Moosonee, Ontario 51
Morgan, Martha 65-66
Morton, John 66
Morton, Sarah Ether (Silver) 66
Mountain Playhouse Inc. 78
Murphy, Emily 30, 63
Murphy, Evelyn G. 30
Murray, Joan 66
Murray, Margaret Polson 50

Ostry, Sylvia (Knelman) 67-68
Ottawa, Ontario 11, 12, 13, 14, 16-17, 20, 29, 33, 38-39, 41, 42, 43, 45, 46, 51, 55, 56, 57, 60, 61, 64, 74, 75, 85, 87
Ottawa Day Nursery 11, 39
Ottawa Drama League 46, 57,
Ottawa Ladies College 87
Ottawa Local Council of Women 17, 41
Ottawa Maternity Hospital 9, 16
Ottawa Women's Canadian Club 17
Oversea Settler (Monthly) Bulletin, The 77

Page, Patricia Kathleen (P.K.) 64, 68, 77
Palardy, Jean 77
Papineau family 68-69
Papineau, Julie Bruneau (Papineau) 68-69
Papineau, Louis-Joseph-Amédée 69, 84
Parent, Madeleine 69
Paris, France 26, 41, 49, 51, 55
Park, Frank 69
Park, Libbie (Rutherford) 69-70
Parlby, Irene 30
Patriote canadien 37
Peace and disarmament 18, 37, 82, 83
Peel County, Canada West 27
Pembina, Manitoba 35
Periodical Writers' Association of Canada 18
Perrault, Joseph-François 70
Peterborough, Ontario 80
Peterkin, Irene 70
Peterkin, Ruby G. 70
Petrograd, Russia 32
Philadelphia, Pennsylvania 14
Playwrights Canada 16
Playwrights Co-op 15, 16
Poetry 16
Poland 43
Pontbriand, Msgr. de 49
Popp, Mary 70
Pornography 20
Port Arthur, Ontario 53
Prague, Czechoslovakia 11
Pratt, Mary 66
Presbyterian Church 23, 66
Prevost, Sir George 71
Prince Albert, Northwest Territories 63
Prince Albert, Saskatchewan 51
Prince Edward Island 31, 84, 87

Pritchard, Martha 65-66
Progressive Conservative Party of Canada 14, 25, 57, 61, 71
Progressive Conservative Women's Association 71
Progressive Conservative Women's Bureau 71
Progressive Party 61
Protestant Orphans' Home, St. Catharines, Ontario 33
Provincial Council of Women of Saskatchewan 56
Provincial Freeman 27
Public Service Alliance of Canada 79

Quebec (province) 28, 33, 39, 44, 47, 60, 69, 76
Quebec Conference, 1864 31
Quebec Physical Education Association 19
Quebec Women's Institute 65
Quebec, Quebec 31, 70, 33, 35, 43, 59, 62, 74
Queen's University 57-58, 85
Quill and Quire 35

Radcliffe College 16
Ramezy family 72
Ramezay, Louise de 71-72
Red Deer, Alberta 54
Regina, Saskatchewan 30
Reid, Grace 72
Religion 16, 18, 28, 33, 36, 52, 53, 83
Rideau Hall 29
Robert McLaughlin Gallery, Oshawa 66
Rochette, Edgar 27
Roeder, Sonja (Arndt) 72
Roeder, Hans 72
Rome, Italy 41
Rotenberg, Mattie 72-73
Rowley, R. Kent 69
Roy, Gabrielle 77
Royal Caledonian Curling Club – Canadian Branch 73
Royal Canadian Academy of Arts 49
Royal Canadian Air Force (Women's Division) 34
Royal College of Music, London, England 41
Royal Commission on the Status of Women 15, 22, 32, 42, 54, 57, 58,
    59-60, 81
Royal Geographical Society 15
Royal Observer Corps 48
Rule, Jane 36
Russell, Olive Ruth 73
Russia 32, 55

Sadlier, Anna Theresa 74
Sadlier, Francis Xavier 74
Sadlier, Mary Anne (Madden) 74
Saint-Bruno, Quebec 44
St. Bruno Boys' and Girls' Cottage School 44
St. Catharines, Ontario 44
Saint John, New Brunswick 43
St. Paul, Minnesota 35
St. Thomas Hospital, London, England 59
San Francisco, California 26
Sandys, Charles 74
Saranac Lake, New York 48
Saratoga Springs, New York 84
Sarnia, Ontario 35
Saskatchewan (province) 30, 51, 56, 67, 74
Saskatchewan Homesteading Experiences 74
Saskatchewan War Brides Association 48
Sault Ste. Marie, Ontario 47
Savage, Marion Creelman 74-75
Scotland 43
Scott, Marian 66
Scottish Women's Hospitals (Macedonian Unit) 43
Scovil, Elizabeth (Byles) 17
Secord, Laura 33
Seigneuries 37, 71-72
Serbia 43
Settlement House 11
Shadd, Mary Ann 27
Shanghai, China 25
Sharman, Abbie (Lyon) 75
Sharman, Henry Burton 75
Sherbrooke, Quebec 59
Sheridan family 76
Sheridan, C.W. 76
Sheridan, Helen 76
Sheridan, Miriam (Marshall) 75-76
SHS Child Welfare Association, Serbia 43
Simpson, Frances (Gay) 40
Simpson's 79
Sinclair, Adelaide Helen Grant (Macdonald) 76
Smith, Jori 76-77
Social Service Council of Canada 85
Social welfare 21, 73
Société Saint-Jean-Baptiste de Montréal 33
Society for the Oversea Settlement of British Women 45, 77
Society for the Protection of Women and Children, Montreal 77-78
Soeurs Grises de la Charité 49

106

Soroptomist Club of Toronto 10
South African Colonization Society 77
South Porcupine Consumers Co-Op Credit Union 62
Soviet Union 13
Spector, John Jacob 78
Springford, Norma 78
Statistics Canada 68
Stoney Creek, Ontario 38, 86
Stowe-Gullen, Augusta 30
Stratford Festival 46
Strathroy, Ontario 53
Streamline Girls 34
Strickland family 80
Strickland, Jane 80
Strickland, Agnes 80
Strickland, Elizabeth 80
Strickland, Samuel 80
Student Christian Movement 37
Success Business College, Winnipeg 72
Sufrin, Eileen Tallman 78-79
Summerhill Homes, Montreal 79
Sweetsburg, Quebec 44
Sweden 55
Switzerland 11, 43

T.E. Eaton Co. 78
Tallman, Eileen 78
Tarmola, Ontario 41
Teenage Wives Study (YWCA) 88
Textile Workers of America 10, 69
Thériault, Marie José 80
The Hague, Holland 83
Toronto Business and Professional Women's Club 10
Toronto Finnish Women's Division, CPC/WLL 40
Toronto Girls' Work Board 54
Toronto Mail and Empire 30-31
Toronto Ladies Club 85
Toronto, Ontario 9-10, 11, 18, 19, 32, 35, 41, 43, 45, 49, 50, 52, 54, 61, 66,
        69, 70, 72, 73, 74, 75, 76, 78, 82, 84
Toronto Peace Council 69
Toronto Physical Education Association 19
Toronto Theosophical Society 49
Toronto Welfare Council 69
Tours, France 62
Traffic Employees Association 31
Traill family 80
Traill, Catharine Parr (Strickland) 65, 80